POÉSIES

DE

M. J. CHÉNIER.

BRUXELLES.

MELINE, CANS ET COMPAGNIE,

Librairie, Imprimerie et Fonderie.

1842.

OEUVRES

DE

M. J. CHÉNIER.

POÉSIES

DE

M. J. CHÉNIER.

BRUXELLES.
MELINE, CANS ET COMPAGNIE,
Librairie, Imprimerie et Fonderie.

1842

NOTICE

SUR

M. J. CHÉNIER.

Marie-Joseph de Chénier naquit le 28 août 1764 à Constantinople, où son père était consul général. Il reçut à Paris une éducation si précoce et si rapide, qu'aussitôt qu'elle fut terminée il sentit le besoin d'étudier tout ce qu'on venait de lui apprendre. Mais la nature l'avait doué d'une raison forte, d'une vive et brillante imagination, d'une mémoire immense; et il avait puisé au sein de sa famille, beaucoup plus que dans les écoles, le goût de toutes les connaissances utiles. Ses parens entretenaient, avec un grand nombre d'artistes et de littérateurs distingués, des relations qui, depuis 1770, jusqu'en 1780, contribuèrent à développer ses talens, secondèrent les progrès qu'il faisait déjà, et préparèrent surtout ceux qu'il devait faire. Sa mère, née en Grèce, et digne d'une telle patrie, est connue par quelques lettres insérées dans le Voyage littéraire de Guys; et son père, après avoir rempli honorablement plusieurs fonctions diplomatiques, a publié deux ouvrages, l'un sur l'histoire des Maures, l'autre sur les révolutions de l'empire ottoman.

En 1781, M. J. de Chénier embrassa la profession militaire qui, depuis le milieu du dix-huitième siècle, était devenue compatible avec celle des lettres. Officier dans un régiment de dragons, alors en garnison à Niort, il a passé dans cette ville deux années, durant lesquelles il a recommencé toutes ses études : il était trop avide d'instruction et de gloire pour se tenir longtemps si loin du centre des lumières et du théâtre des succès. Il fallut donc quitter le service, revenir à Paris, et se mettre en état de débuter le plus tôt possible dans l'un des principaux genres de littérature.

Depuis son adolescence il n'avait cessé d'ébaucher des scènes théâtrales, d'imaginer des canevas dramatiques et de s'exercer à les remplir. Parvenu à l'âge de vingt-deux ans, il rougissait d'être encore inconnu, et le 4 novembre 1786, il fit représenter à Fontainebleau une tragédie qui, jouée à Paris le 6 du même mois, fut imprimée peu de temps après : elle se nommait AZÉMIRE. Il n'a pas daigné la faire entrer en 1801 dans le Recueil de ses pièces de théâtre ; il ne parlait plus d'Azémire qu'avec cette gaieté satirique qui, dans les dernières années de sa vie, était devenue l'un de ses talens.

Quoique cet essai ne fût pas heureux, déjà quelques traits éloquens de l'un des principaux rôles, quelques mouvemens, quelques beaux vers annonçaient un poëte tragique. Il fit ensuite représenter successivement CHARLES IX, HENRI VIII, CAÏUS GRACCHUS, FÉNÉLON, dont les succès brillans annoncèrent que la scène française pouvait compter un soutien de plus.

Il fit, peu de temps après, pour l'Opéra, un divertissement, que mit en musique M. Gossec. Cette production, d'un genre dans lequel l'artiste s'est peu exercé et à laquelle il donna le nom du CAMP DE GRAND-PRÉ, peut contribuer à faire apprécier la flexibilité de son talent. Il composa ensuite TIMOLÉON, CYRUS, PHILIPPE II, et enfin TIrère, qu'on peut regarder comme son chef-d'œuvre.

Chénier a été, sans interruption, membre de toutes les législatures qui se sont succédé depuis 1792 jusqu'au mois de mars 1802. Quoiqu'il ait beaucoup écrit en vers et en prose dans le cours de ces dix années, il est indubitable que, s'il avait pu les consacrer aux lettres sans partage et sans distraction, le recueil de ses œuvres serait aujourd'hui beaucoup plus riche. Cependant, c'était toujours de littérature et d'instruction publique qu'il s'occupait le plus ordinairement dans l'exercice de ses fonctions législatives, et il s'est, à certaines époques, presque borné à ce seul genre d'activité et d'influence.

Lors de l'avénement au souverain pouvoir de cet homme extraordinaire qui a si long-temps influé sur les destinées de la France et de l'Europe entière, les ennemis de Chénier, connaissant la droiture de son caractère et l'élévation de ses sentimens, résolurent de le perdre, lui et toute sa famille. Son père fut menacé, deux de ses frères arrêtés; il fut bientôt dénoncé lui-même, cité, recherché, inscrit à son rang sur la liste des proscriptions. Il n'en devint que plus ardent à solliciter la délivrance de ses frères, et ses instances furent si vives, si persévérantes, qu'il parvint à sauver l'une des deux victimes. André Chénier périt le 7 thermidor, et cette date toute seule réfuterait assez une calomnie aussi absurde qu'horrible. Si quelqu'un, le 7 thermidor, avait en effet le moyen de sauver les parens les plus chers, assurément un tel crédit, une telle puissance n'appartenait point à celui qui périssait lui-même si ce régime sanguinaire eût duré quinze jours de plus. André Chénier périt à trente et un ans, et sa mère, qui l'a pleuré quatorze ans, demeura, tant qu'elle vécut, avec Marie-Joseph Chénier; c'était lui qui la consolait, si le charme de la douleur partagée doit s'appeler consolation.

Tant d'orages, tant de périls et de chagrins doivent être comptés parmi les causes qui ont abrégé les jours de M. J. Chénier. L'altération de sa santé n'était déjà que trop sensible en 1799.

Sa constitution robuste, et les soins de M. Portal, son médecin et son ami, ont lutté, pendant plus de dix ans, contre les progrès d'une maladie grave et compliquée qui, peut-être, aurait cédé aux efforts de la nature et de l'art, si Chénier avait su s'assujettir à un régime uniforme et austère : mais, trompé par l'activité toujours croissante de ses facultés intellectuelles et morales, il méconnut longtemps son état, et n'en sentit tout le péril que lorsque ce sentiment ne pouvait plus être qu'un péril de plus.

C'est dans le cours de ces dix années qu'il a commencé ou achevé la plupart de ses ouvrages. Il en avait projeté plusieurs autres. Il ne subsiste aucun vestige de ces projets, parce que Chénier n'écrivait presque jamais de notes ni d'esquisses ; mais les matériaux en étaient si bien rassemblés et disposés dans sa tête, qu'il rendait compte de toutes les idées, de tous les détails qui devaient entrer dans ces productions futures, et que, lorsqu'il en parlait, il en composait réellement quelque partie.

De ses passions, qui toutes étaient vives, la plus dévorante fut le désir de contribuer au progrès des lumières ; il aimait les lettres, et la vérité encore plus que la gloire. Lorsqu'il fut nommé inspecteur général des études, l'état déplorable de sa santé n'arrêta point son zèle, et sa maladie ne l'a jamais plus affligé, qu'en le forçant d'interrompre ses utiles travaux.

Ayant toujours porté, dans ses affaires personnelles, la probité, la délicatesse, malheureusement aussi la négligence au plus haut degré possible, il est sorti des assemblées nationales beaucoup plus pauvre qu'il n'y était entré. Il y arrivait en 1792, plein de santé, et déjà riche des produits de ses premiers travaux littéraires : il s'est retiré en 1802, malade, exténué, endetté, sans autre ressource qu'un talent dont on ne lui permettait plus de recueillir les fruits honorables. Bientôt, malgré les réclamations du public, en dépit du zèle et de l'intérêt des acteurs, la représentation de toutes ses pièces de théâtre fut partout interdite; et de tous les biens de ce monde il ne lui restait plus qu'une grande renommée, lorsque, cédant aux conseils de ses amis, il accepta, en 1806, un obscur et modique emploi dans une administration particulière. D'autres travaux dont il se chargea depuis, l'aidèrent à mieux pourvoir à ses besoins : mais, vers la fin de novembre 1810, sa maladie prit un caractère plus menaçant que jamais : il essuya des accidens graves; sa force naturelle s'épuisait enfin, et ne luttait plus qu'avec désavantage contre les progrès du mal. Sa mort fut précédée d'un mois d'insomnie et de souffrance, durant lequel il avait pourtant conservé tout son génie et toute sa mémoire.

quelquefois même il retrouvait encore la gaieté de son esprit. Cependant il touchait au terme de sa carrière illustre; et le 10 janvier 1811, vers midi, il mourut paisiblement, sans faste et sans faiblesse, à l'âge de quarante-six ans, échappant peut-être à d'autres infortunes, à de nouvelles chances de proscription, mais enlevé à un siècle sur lequel il aurait de plus en plus versé de l'éclat et des lumières; laissant, il est vrai, plus de travaux qu'il n'en faudrait pour honorer une vie bien plus longue, mais ayant acquis à peine la moitié de la gloire littéraire à laquelle il lui était permis d'aspirer.

DISCOURS

SUR LA QUESTION

si l'erreur est utile aux hommes.

Un rhéteur sans cervelle, et gravement futile,
Demande si l'erreur aux hommes est utile ;
Un écolier naïf y rêve avec candeur,
Et dans la question voit quelque profondeur ;
Un charlatan se rit du maître et de l'élève,
Ment au lieu de rêver, mais profite du rêve.
Laissons le charlatan, l'écolier, le rhéteur,
Sermonner, haranguer, gourmander un lecteur.
La vérité craint peu les lourdes apostrophes
Des tartufes complets, des demi-philosophes ;
Et moi j'aime à lui rendre un hommage nouveau,
Tandis qu'au bas du Pinde un servile troupeau,
Courbant sous deux licous sa tête appesantie,
Rime pour l'antichambre et pour la sacristie.
Si, conduit par mes sens à de faux résultats,
Je vois dans un objet ce qu'il ne contient pas,
Ou si je ne vois pas tout ce qui le compose,

J'erre ; et de mon esprit la borne en est la cause.
Le seul Être infini ne se trompe jamais,
Car en tous leurs rapports il voit tous les objets.
L'homme n'est pas un dieu : l'erreur est son partage.
Mais en quoi sa faiblesse est-elle un avantage ?
Le plus vaste génie, étant fort limité,
Par des jugemens faux tient à l'humanité :
Si les plus grands esprits, d'Aristote à Voltaire,
Ont porté plus ou moins ce joug héréditaire,
Loin de le croire utile, ils le trouvaient honteux ;
Allégeant les tributs qu'on payait avant eux,
Par de constans efforts tous ont limé la chaîne
Que l'erreur imposait à l'ignorance humaine ;
Et c'est par eux encor que leur postérité
Mieux qu'eux, en certains points, connaît la vérité.
Il est des songe-creux dont les erreurs paisibles
N'ont pas d'utilité, mais sont très-peu nuisibles.
Chez les physiciens, chacun se faisant dieu,
Suivant son bon plaisir met l'univers en jeu :
Descartes, pour les siens, chassant les vieux fantômes,
Veut par les tourbillons remplacer les atomes ;
Aux monades, Leibnitz dicte ses volontés ;
Buffon prescrit des lois aux soleils encroûtés :
Chacun dans son roman prolixement radote,
Et de ces romans-là nul ne vaut Don Quichotte.
Mais enfin tous ces dieux, dans leurs discussions,
N'ont jamais altéré le sort des nations.
De même, en fait de goût, une erreur ridicule
N'ira pas tourmenter tout un peuple crédule.
Le talent des beaux vers et le sel des bons mots
S'uniront, j'y consens, pour châtier les sots :
Honneur aux traits lancés par Boileau, par Horace ;

Mais quand Charles Perrault prétend qu'au mont Parnasse
Chapelain sur Homère a les honneurs du pas ;
Lorsque Antoine Suard, parodiant Midas,
Préfère aux chants heureux des cygnes d'Italie
De l'opéra français la triste psalmodie,
Que s'ensuit-il ? On siffle. Un esprit de travers
Peut juger sottement de musique ou de vers,
Sans qu'il faille imputer à sa lourde faconde
Les troubles d'un empire ou les larmes du monde.
On a lieu de gémir quand, par de longs abus,
Et des mœurs et des lois le vrai se trouve exclus ;
Quand, au lieu de ce vrai que sema la nature,
L'erreur cueille des fruits entés par l'imposture ;
Quand l'aspect général de la société
N'offre au contemplateur qu'un tripot détesté,
Où des sots, se livrant à des filous avides,
Vont les mains pleines d'or, reviennent les mains vides,
Grimauds, toujours valets, souvent même espions,
Et de l'erreur qui paie effrontés champions.
Il faut, j'en suis d'accord, des dévotes aux prêtres,
Des dupes aux fripons, des esclaves aux maîtres ;
Mais des maîtres enfin, des moines, des fripons,
En faut-il ? Si les loups ont besoin de moutons,
Sans phébus de collège et sans phrases subtiles,
Demandez aux moutons si les loups sont utiles ?
Au Castillan vaincu, s'il veut des conquérans ?
A tout peuple opprimé, s'il lui faut des tyrans ?
Or, entre les tyrans, connaissez-vous le pire ?
C'est l'erreur : elle seule a fondé tout empire ;
Tout, depuis les tréteaux où l'humble charlatan
Aux badauds, pour deux sous, vend son orviétan,
Jusqu'au trône où Philippe, en soumettant les ondes,

Sans sortir de Madrid, régnait sur les deux mondes*;
Et depuis la banquette où Lise, le matin,
Dit son *confiteor* aux pieds d'un bernardin,
Jusqu'au siége où, couvert de la triple tiare,
Hildebrand gouvernait l'Europe encor barbare,
Aux peuples en révolte accordait son appui,
Ou permettait aux rois d'être tyrans sous lui.

Fut-il un siècle d'or? Oui: l'austère sagesse
Aime et sait expliquer ces fables de la Grèce,
Mensonges instructifs, symboles enchanteurs,
Qui sont des fictions et non pas des erreurs.
Le blé n'attendit pas Cérès et Triptolème;
Mais au travail de l'homme il s'offrit de lui-même;
Et le prix du travail fut la propriété
Qui fonda, qui maintint toute société.
La lyre d'Amphion, du sein d'une carrière,
Sur les remparts thébains ne guida point la pierre;
Mais des cités partout la puissance des arts
Dessina, construisit, décora les remparts:
La vertu, seule Astrée, embellit leur enceinte:
Jours heureux, temps paisible où l'égalité sainte
A des frères unis garantissait leurs droits,
Où les mœurs gouvernaient plus encor que les lois;
Où les humains pieux, sans temples et sans prêtres,
Justes sans tribunaux, subordonnés sans maîtres,
Reposaient sous l'abri du pouvoir paternel,
Inventaient l'art des vers pour bénir l'Éternel,
Sur la cime des monts lui rendaient leur hommage,
Et chantaient le soleil, sa plus brillante image.

* Philippe II.

Après l'âge trop court des premiers bienfaiteurs,
Vint le siècle hideux des premiers imposteurs.
On s'arma; la discorde aiguisa pour la guerre
Le fer laborieux qui fécondait la terre :
Le plus fort eut raison ; sa raison fit la loi ;
Le soldat devint chef, et ce chef devint roi :
Ce roi fut conquérant : au gré de son caprice,
Deux ministres zélés, l'Orgueil et l'Avarice,
A l'espoir attentif confiant ses projets,
De ses égaux d'hier lui firent des sujets :
Une cour, avec art par lui-même flétrie,
Pour l'or et les honneurs lui vendit la patrie.
Le peuple osa crier : tout, d'un commun effort,
Vint contre le plus faible au secours du plus fort ;
Le guerrier, pour un mot, vexant une province,
Parla, le sabre en main, de la bonté du prince ;
Le financier, pillant jusqu'au moindre hameau
Au nom du bien public taxa la terre et l'eau ;
Et des Pussort * du temps l'infernale cohorte
Mit, à force de lois, la justice à la porte.

On vit par les vainqueurs l'esclavage établi,
Et l'antique union bientôt mise en oubli ;
Chacun de sa famille élevant la fortune,
Chacun désavouant la famille commune ;
Des mortels primitifs les enfans divisés,
Et dans un même état des peuples opposés ;
L'orgueil insocial des castes sans mélange,
Souillant les bords heureux de l'Indus et du Gange ;
Des satrapes persans, des mandarins chinois,

* Pussort, conseiller au grand conseil, oncle du ministre Colbert.

Les nombreux échelons remontant jusqu'aux rois;
Et les patriciens sur les rives du Tibre,
Malgré l'exil des rois bravant un peuple libre.
Sous les brigands du Nord, altérés de tributs,
L'avide parchemin scella tous les abus.
Trouvant dans son berceau ses titres de noblesse,
L'enfant porta les noms de grandeur et d'altesse.
C'est peu : de la vertu l'honneur fut séparé;
De cordons fastueux le vice fut paré;
On forgea du blason la gothique imposture;
On flétrit le travail : tous les arts en roture
Servirent à genoux la noble Oisiveté,
Tandis qu'un monstre impur, la Féodalité,
A la glèbe servile attachait ses victimes;
Le genre humain, déchu de ses droits légitimes,
Au joug usurpateur semblait partout s'offrir,
Et méritait sa honte en daignant la souffrir.

Des esclaves sans peine on fait des fanatiques.
Il fallut qu'à l'amas des erreurs politiques
Vînt s'unir et peser sur l'univers tremblant,
Des mensonges sacrés l'amas plus accablant;
Que, du sommet des monts, au milieu des tempêtes,
Moïse et Zoroastre, ambitieux prophètes,
Descendant, la Genèse et le Sadder en main,
Vinssent au nom de Dieu tromper le genre humain;
Qu'à son Vieux Testament Dieu lui-même indocile,
Fît, en devenant homme, un nouveau codicille;
Qu'après le doux Jésus, qui fut roi sans pouvoir,
Législateur sans code, et Dieu sans le savoir.
Mahomet, au Coran joignant le cimeterre,
Combattit l'Evangile et subjuguât la terre;

Que de Rome à la Chine élevant leurs autels,
Mille et mille jongleurs, des crédules mortels
Berçant jusqu'au tombeau l'interminable enfance,
Régnant là par la crainte, ici par l'espérance,
Du pouvoir absolu tantôt valets soumis,
Tantôt guides adroits, tantôt fiers ennemis,
Sur le malheur constant de tout ce qui respire,
Parvinssent à fonder leur sacrilége empire.
Dans ce mélange impur de fables et d'horreurs,
Quelles sont à vos yeux les utiles erreurs?
Toutes, répondrez-vous, si du peuple adorées,
Elles restent pour lui des vérités sacrées,
Si le moindre examen lui semble criminel,
Si dans ce noir chaos il voit l'ordre éternel,
Des immuables lois l'enchaînement suprême,
Ce qui fait l'univers, ce qu'a voulu Dieu même.
Les humains doivent donc, esclaves complaisans,
En calomniant Dieu disculper leurs tyrans,
Éteindre ce rayon de lumière éternelle
Que fait luire à leurs yeux sa bonté paternelle;
Lui rejeter au ciel son bienfait le plus beau;
De la raison, leur guide, éteindre le flambeau,
Et lâchement ingrats, aveugles volontaires,
Sous un triple fardeau d'abus héréditaires,
Se traîner à tâtons, de faux pas en faux pas,
De la nuit de la vie à la nuit du trépas!

Ils le voudraient en vain. Souvent pour s'entre-nuire,
Leurs communs oppresseurs ont osé les instruire.
Hélas! la raison seule aurait toujours eu tort,
Si toujours les erreurs avaient marché d'accord:
Mais sans cesse on les voit, pointilleuses rivales,

De leurs jaloux débats afficher les scandales ;
On voit partout s'armer, au nom des mêmes droits,
Les rois contre les grands, les grands contre les rois,
Les prêtres contre tous ; les pontifes suprêmes
Asservir, usurper, vendre les diadèmes,
Et les clefs de saint Pierre orner les étendards
Qui ferment l'Italie à l'aigle des Césars.
Guelfe, de Barberousse éprouvant la furie,
Sur les débris fumans des murs d'Alexandrie,
Tu crus pouvoir maudire un tyran destructeur,
Lorsque dans Parthénope un sombre usurpateur,
Du sang de Conradin cimentant sa puissance,
A la voix d'un pontife égorgeait l'innocence.
Gibelin, consterné d'un spectacle cruel,
Tu dévouas sans doute aux vengeances du ciel
Et ce roi qui frappait sa royale victime,
Et ce prêtre inhumain qui trafiquait du crime.

Mais allons plus avant : si, pour un grand pouvoir,
La guerre a divisé le sceptre et l'encensoir,
Que trouvons-nous du moins dans l'asile des temples ?
Des leçons de concorde, et non pas des exemples.
Le musulman, le juif, abhorrent le chrétien.
Sous une même loi, le dur pharisien,
Isolé par l'orgueil, aveuglé par le zèle,
Dans le samaritain ne voit qu'un infidèle ;
Deux prophètes rivaux guident le musulman,
Ali commande en Perse, Omar à l'Ottoman.
L'Évangile est ouvert ; Nicée en vain décide,
Et du prêtre Arius la diphthongue homicide
Fait chanceler cent ans sur un dogme incertain,
L'édifice nouveau qu'a fondé Constantin.

Ici Donat triomphe aux lieux où fut Carthage ;
Là, Manès avec Dieu met le diable en partage ;
Le glaive inexorable égorge les Vaudois ;
Un tribunal de sang détruit les Albigeois ;
Du bûcher de Jean Huss naît un vaste incendie ;
Bientôt je vois Zuingle, apôtre d'Helvétie,
L'impérieux Luther et le doux Mélanchton,
Puissans chez les Germains à l'aide du Saxon ;
Calvin, sous qui Genève a trop imité Rome ;
Socin, du Dieu Jésus faisant un honnête homme ;
Au sage Barneveld Arminius fatal ;
Et ce prélat flamand, le saint de Port-Royal ;
Et... Mais on compterait les braves de la France,
Les oliviers croissant aux bords de la Durance,
Les pachas étranglés par ordre des sultans,
Le nombre des écus volés par les traitans,
Et des Phrynés de cour les douces fantaisies,
Avant de compléter les noms des hérésies.
Pluquet en compila deux volumes entiers :
Les noms de leurs martyrs en tiendraient des milliers.

Sans tracer le tableau de ces terribles crises,
Où, le glaive à la main, les erreurs sont aux prises,
Observons que pour soi chacune a radoté,
Mais contre sa rivale a bien argumenté.
S'agit-il de blâmer un pouvoir sans limites,
Guerre, impôts, brigandage, oubli des lois écrites ?
Certains pairs du royaume, et même des prélats,
Ont par de bons discours signalé nos États.
Les rois, de leur côté, contre leurs adversaires,
Faisaient de beaux écrits, du moins par secrétaires,
Et savaient quelquefois, finement ingénus,

Au nom du pauvre peuple enfler leurs revenus,
Des tyrans féodaux rogner les priviléges,
Ou d'un pape insolent les profits sacriléges.
Dans l'Église surtout les différens partis
De leurs torts mutuels nous ont trop avertis.
Si Bossuet prouva que les sectes nouvelles,
A Luther, à Calvin, comme à Rome infidèles,
Vingt fois se réformant variaient chaque jour;
Basnage à Bossuet sut prouver à son tour
Que sans se réformer, dans l'Église latine,
De concile en concile on changeait de doctrine.
Bien plus, lorsque Viret, Étienne et Dumoulin,
Tiraient contre le pape en faveur de Calvin,
On eut souvent le droit d'accuser leur visière,
Et Jean reçut des coups qu'ils adressaient à Pierre
Le haineux janséniste, en dirigeant Pascal,
S'il nuisit au jésuite, eut bien sa part du mal;
Il se blessa lui-même avec le ridicule,
Et laissa sur son pied tomber les traits d'Hercule.

Ainsi le genre humain, lentement éclairé,
Reconnut par quel art on l'avait égaré.
Il s'écria : Silence, ambitieux sectaires,
Cessez vos argumens, laissez là vos mystères ;
Dieu ne révéla rien ; vous mentez en son nom ;
Mais Dieu me fait penser : abjurer la raison
Est d'un sot, n'en déplaise aux tyrans qu'elle irrite :
Feindre de l'abjurer est d'un lâche hypocrite.
Prêtres, de qui l'empire est aux pieds des autels,
Grands, qui vous séparez du reste des mortels,
Rois, qui voulez des grands dont vous soyez les maî-
   tres,

Et des peuples dévots quand vous payez les prêtres,
Impudens, c'est par vous, par vos débats honteux,
Que ce qui semblait sûr est devenu douteux.
Émules de mensonge et rivaux de puissance,
Si vous avez trompé ma longue adolescence,
Si d'un triple bandeau mes yeux furent couverts,
Vos mains l'ont déchiré, mes yeux se sont ouverts;
J'ai vu s'évanouir une splendeur factice.
En vous accusant tous, vous vous rendez justice;
Tous vous avez les torts que vous vous imputez :
Nul de vous n'a les droits que vous vous disputez.

Alors on distingua les voix de quelques sages
Dont la persévérance, au sein des derniers âges,
Accusa, poursuivit, détrôna par degrés,
Des abus que le temps avait rendus sacrés.
D'autres sages viendront, et la même constance,
Des abus survivans vaincra la résistance.
Si le mal du trompé fait le bien du trompeur,
Si l'erreur est utile à qui vit de l'erreur,
Hélas ! en traits de sang l'histoire nous l'atteste,
Au genre humain séduit toute erreur est funeste.
Malheur donc au héros qui sert les imposteurs,
Et des vieux préjugés se fait des protecteurs !
Il soumet tout par eux ; mais avec eux il tombe;
Il fit couler des pleurs, et l'on rit sur sa tombe.
Heureux qui, remplissant un austère devoir,
Combat les préjugés, favoris du pouvoir,
Et, sur les vieux débris d'une erreur étouffée,
S'élève de ses mains un paisible trophée !
Modeste, il ne voit point des peuples gémissans
A ses pieds, dans ses fers, lui prodiguer l'encens,

Héros de la raison, victorieux sans armes,
Avec elle il triomphe en tarissant des larmes ;
Et, chez les Portalis dût-on me *censurer*,
C'est le seul conquérant que je veuille honorer.

ÉPITRE

A VOLTAIRE.

[1806]

Immortel écrivain, dont les brillans ouvrages
Enchantent les héros, les belles et les sages;
Qui sais par le plaisir captiver ton lecteur,
Effroi du sot crédule et du lâche imposteur,
Mais du bon sens, du goût, aimable et sûr arbitre :
Voltaire, en t'adressant ma véridique Épître,
J'aurai soin, pour raison, de ne pas l'envoyer
Devers le Paradis dont Céphas est portier;   [anges,
Lieu saint, mais ennuyeux, où les neuf chœurs des
Au maître du logis entonnant ses louanges,
De prologues sans fin lassent la Trinité,
Et chantent l'opéra durant l'éternité.
Rien n'est plus musical; mais l'Élysée antique,
Malgré Chateaubriand, paraît plus poétique :
On s'y promène en paix sans flagorner les dieux;
On y chante un peu moins, mais on y parle mieux :
Et c'est là que, du temps bravant la course agile,
Entre Sophocle, Horace, Arioste et Virgile,

ÉPITRE

Tu jouis avec eux des honneurs consacrés
Aux talens bienfaiteurs qui nous ont éclairés.

D'un âge éblouissant tu vis la décadence :
Il expirait sans gloire aux jours de ton enfance ;
Et Louis n'était plus cet heureux potentat
Qui de l'éclat des arts empruntait son éclat,
Quand Pascal et Boileau, par une habile étude,
Polissaient le langage encor timide et rude ;
Quand Molière, à grands traits flétrissant l'imposteur,
Créait la comédie et marquait sa hauteur ;
Quand, égal à Sophocle et vainqueur de Corneille,
Racine d'Athalie enfantait la merveille.
Tout avait disparu. L'écho de Port-Royal
Dès longtemps, mais en vain, redemandait Pascal,
Corneille dans la tombe avait suivi Molière ;
Racine en courtisan terminait sa carrière ;
Et Boileau sans succès faisant des vers chrétiens,
Reste des grands talens, survivait même aux siens.
Heureux sous Luxembourg, sous Condé, sous Turenne,
Leurs soldats orphelins fuyaient devant Eugène ;
Au héros de Marsaille, éloigné par son roi,
On voyait dans les camps succéder Villeroi,
Favori de Louis plus que de la victoire,
Et grand à l'OEil-de bœuf, mais petit dans l'histoire.
Il est vrai toutefois que le sabre à la main
On savait convertir les enfans de Calvin ;
Mais des tribus en pleurs qui fuyaient leur patrie
Vingt peuples accueillaient l'hérétique industrie.
Chaque jour la Sorbonne admirait sur ses bancs
D'Ignace et d'Escobar les doctes partisans :
Il faut bien l'avouer : mais la triple alliance

A VOLTAIRE.

D'un règne ambitieux punissait l'insolence;
Et dans Versailles même, au nom du peuple anglais,
Bolingbroke à Louis venait dicter la paix.

Un temps moins sérieux vit briller ta jeunesse.
S'amusant à Paris de la commune ivresse,
Plutus ôtait, rendait, retirait tour à tour
Ses dons capricieux et sa faveur d'un jour.
Le laquais enrichi, prompt à se méconnaître,
Se carrait dans l'hôtel qu'abandonnait son maître,
Et, de ce même hôtel le lendemain chassé,
Par son laquais d'hier s'y trouvait remplacé.
En soutane écarlate on voyait le scandale
Souiller de Fénélon la mitre épiscopale :
Plus de frein, le plaisir fut le cri de la cour ;
De quelque jansénisme on accusait l'amour ;
Et Philippe, entouré de cent beautés piquantes,
Semblait le dieu du Gange au milieu des bacchantes.

Mais couverts si longtemps du manteau de Louis,
Du moins après sa mort les bigots moins hardis,
Avaient perdu le droit d'opprimer tout mérite :
A la ville on bernait leur emphase hypocrite :
A la cour de Philippe ils n'avaient point d'accès.
Déjà vers le déclin du vieux sultan français,
Bayle, savant modeste, et raisonneur caustique,
Tenait loin de Paris sa balance sceptique.
A pas lents quelquefois s'avançait à propos
Le Normand Fontenelle, amoureux du repos,
Bel esprit un peu fade, et sage un peu timide.
Montesquieu, plus profond, plus fin, plus intrépide,
Amenant parmi nous deux voyageurs persans,

Essaya sous leurs noms de venger le bon sens :
D'Usbec et de Rica les mordantes saillies,
Par la raison publique en naissant accueillies,
Couvraient les préjugés d'un ridicule heureux,
Et le Français malin s'aguerrissait contre eux.

Tu parus. A ta voix, maint dévot sycophante
Tressaillit de colère, et surtout d'épouvante,
Soit lorsqu'en vers brillans, par Sophocle inspirés,
Tu déclarais la guerre aux charlatans sacrés ;
Soit quand tu célébrais sur la trompette épique
Ce Bourbon, roi loyal, mais douteux catholique.
Hélas ! bien jeune encor tu connus les revers,
Et ta muse héroïque a chanté dans les fers.
Sortant du noir château qu'habitait l'esclavage,
Tu courus d'Albion visiter le rivage,
Et, par elle éclairé, tu revins sur nos bords
De sa philosophie apporter les trésors.
Cirey te vit longtemps, sous les yeux d'Émilie,
Te faire un avenir et préparer ta vie ;
De Locke et de Newton sonder les profondeurs ;
Soumettre la morale à tes vers enchanteurs ;
Ou, prenant tout à coup l'Arioste pour maître,
L'imiter, l'égaler, le surpasser peut-être.
Cet aimable mondain qui vantait les plaisirs
A l'austère Clio dévouait ses loisirs :
Aux mœurs des nations désormais consacrée,
L'histoire n'était plus la gazette parée ;
Et de la Vérité le rigoureux flambeau
Des oppresseurs du monde éclairait le tombeau.
Ce n'était point assez : d'un ton plus énergique
Ta raison, s'élevant sur la scène tragique,

Du genre humain trompé retraçait les malheurs,
Et l'auditoire ému s'instruisait par des pleurs.

De ces nobles travaux quel était le salaire?
Le même qu'obtenaient et Racine et Molière,
Quand leur gloire vivante importunait les yeux :
Des succès contestés et beaucoup d'envieux.
A force de combattre une ligue ennemie,
Tu vins à cinquante ans, en notre Académie,
Siéger avec Danchet, Nivelle et Marivaux,
Que pour l'honneur du corps on nommait tes rivaux.
Tu vainquis cependant l'orgueilleuse ignorance;
Desfontaines, Fréron, n'abusaient point la France.
Si du bon Loyola ces renégats pervers
D'Alzire et de Mérope outrageaient les beaux vers,
Tous les soirs le public en savourait les charmes,
Et sifflait des journaux réfutés par ses larmes.
Caressant des bigots le crédit oppresseur,
Dévotement jaloux, Crébillon le censeur,
Crébillon, dont le style indigna Melpomène,
A ton fier Mahomet voulait fermer la scène:
Mais bientôt d'Alembert, censeur moins timoré,
Opposait au scrupule un courage éclairé.
Contre un vieux cardinal quinteux et difficile
Tu soulevais un pape, au défaut d'un concile:
Et si, loin des beaux-arts, l'amant de Pompadour,
Soigneux de respecter l'étiquette de cour,
T'interdisait Versaille, où, portant sa livrée,
Dominait en rampant la bassesse titrée,
Frédéric à Berlin t'appelait près de lui,
Et l'égal d'un grand homme en devenait l'appui.

Là régnait chez un roi l'esprit philosophique,
Et l'empire à souper passait en république.
Frédéric oubliait de fastueux ennuis :
Tout riait à sa table, excepté Maupertuis.
Recherchant la faveur, craignant le ridicule,
Et cru, lorsqu'il flattait, par un prince incrédule,
Maupertuis de la cour exila les bons mots.
Eh! qui ne connaît point la gravité des sots?
Aux bons mots toutefois rarement elle échappe.
Médecin de l'esprit plus encor que du pape,
Tu conçus le projet de guérir un Lapon
Se croyant à la fois Fontenelle et Newton,
Bel esprit géomètre, aspirant au génie,
Et grand calculateur en fait de calomnie.
Il t'avait offensé. N'en déplaise au pouvoir,
La défense est un droit, souvent même un devoir.
Tu fis bien de répondre, et mieux de disparaître,
En regrettant l'ami, mais en fuyant le maître.

Loin de lui cependant que de fois tes regards
Ont suivi ce héros qui chérit tous les arts!
Qui sur tant de périls fonda sa renommée;
Qui forma, conduisit, ménagea son armée;
Qui fut historien, philosophe, soldat;
Qui l'écrivit en vers la veille d'un combat,
Rima le beau serment de mourir avec gloire,
Vécut, et pour rimer remporta la victoire;
Appauvrit les Saxons, enrichit ses sujets;
Fit toujours à propos et la guerre et la paix;
Aima sans l'estimer l'autorité suprême,
Et sourit sur le trône à la Liberté même.

A VOLTAIRE.

Ah ! cette Liberté qui régnait dans ton cœur
Ne sait pas d'un coup d'œil attendre la faveur.
Et, du palais des rois hôtesse passagère,
N'y peut gêner longtemps son allure étrangère.
Elle rit de te voir apprenti courtisan,
Et te fit ses adieux quand tu fus chambellan.
Mais, dégagé bientôt de tes liens gothiques,
Tu vins la retrouver sur les monts helvétiques.
Elle vit tout entière en ce chant inspiré
Qu'aux nymphes du Léman ta lyre a consacré.
O silence des bois ! solitude éloquente !
Sans appui, loin de vous, la pensée inconstante,
Au milieu du torrent des esprits agités,
Dans la pompe des cours, dans le bruit des cités,
Par un mélange impur s'affaiblit et s'altère :
Mais, prompte à dépouiller sa parure adultère,
Seule, dans les loisirs d'un champêtre séjour,
Elle croît et s'épure aux rayons d'un beau jour.
Qui sait aimer les champs ne peut rester esclave.
Égaré quelquefois dans le palais d'Octave,
C'est au sein des forêts que Virgile en repos
Se retrouvait poëte, et chantait les héros :
C'est là que Cicéron, libérateur de Rome,
Sur les devoirs humains écrivait en grand homme,
Peignait de l'Amitié les soins religieux,
Et sur leur providence interrogeait les dieux.

Les bords du Mincio, les rives du Fibrène,
Qu'aimait à célébrer l'urbanité romaine,
Ne l'emporteront pas dans la postérité
Sur le rivage heureux de ton lac argenté.
Remplissant de Ferney l'asile solitaire,

Ta gloire avait rendu chaque heure tributaire.
A des succès nombreux ajoutant des succès,
Et, pour mieux les instruire, amusant les Français,
Joignant à la raison la grâce et l'harmonie,
Tu planais sur le siècle où brilla ton génie.
Quel siècle ! Vainement un ramas d'écrivains
Ose lui prodiguer d'injurieux dédains ;
Sans pouvoir éclairer leur aveugle ignorance,
L'éclat de son midi luit encor sur la France.
Montesquieu, dans ce siècle, osant juger les lois,
Des peuples asservis revendiqua les droits,
Du pouvoir absolu vengea l'espèce humaine,
Et fit rougir l'esclave en lui montrant sa chaîne.
Diderot, d'Alembert, contre les oppresseurs
Sous un libre étendard liguèrent les penseurs ;
Et l'arbre de Bacon, bravant plus d'un orage,
Par degrés sur l'Europe étendit son ombrage.
Buffon de l'art d'écrire atteignit les hauteurs :
Prodiguant la richesse et l'éclat des couleurs,
Il peignit avec art la nature éternelle.
Moins paré, mais plus beau, mieux inspiré par elle,
D'après elle toujours voulant nous réformer,
En écrivant du cœur Rousseau la fit aimer.
O Voltaire ! son nom n'a plus rien qui te blesse :
Un moment divisés par l'humaine faiblesse,
Vous recevez tous deux l'encens qui vous est dû :
Réunis désormais, vous avez entendu,
Sur les rives du fleuve où la haine s'oublie,
La voix du genre humain qui vous réconcilie.

Que votre âge imposant a bien rempli son cours !
Quand, de l'expérience empruntant le secours,

Les sciences d'Hermès, d'Archimède et d'Euclide
En des chemins frayés marchaient d'un pas rapide ;
Parmi de vains débris, écueil de nos aïeux,
Le génie imprimait ses pas audacieux :
Des sens, de la pensée il tentait l'analyse,
Et la nature humaine à l'homme était soumise.
On la chercha longtemps : dédaignant d'observer,
Descartes l'inventa ; Locke sut la trouver :
Condillac, après lui, d'une marche plus sûre,
Pénétrait plus avant dans cette route obscure.

Pour toi, des imposteurs ennemi déclaré,
Tu signalais partout le mensonge sacré,
L'encensoir à la main, conquérant la puissance ;
Partout l'ambition, l'intérêt, la vengeance,
Élevant tour à tour sur un tréteau divin
Moïse et Mahomet, Céphas et Jean Calvin.
Bayle en des rets subtils enveloppa sans peine
Des pieux ergoteurs la logique incertaine ;
Et Fréret, descendu sur la route des temps,
Sapa l'antique erreur jusqu'en ses fondemens :
Mais, armant la raison des traits du ridicule,
Toi seul as renversé sous tes flèches d'Hercule
La superstition, qui, du pied des autels,
Instruit l'homme à ramper devant des dieux mortels.
Tu n'as pas combattu le dogme salutaire
Que Socrate expirant annonçait à la terre ;
Et, laissant les docteurs librement pratiquer
L'art de ne rien comprendre et de tout expliquer,
Sans crier, *Tout est bien*, lorsque le mal abonde,
Sans trop examiner si les troubles du monde
Sont les vrais élémens de l'ordre universel,

Tu reconnus ce Dieu, géomètre éternel,
Aperçu par Newton dans la nature entière,
Pur esprit dont les lois font marcher la matière,
Mais que, d'un télescope armant ses faibles yeux,
Lalande après Newton n'a pas vu dans les cieux.
Échappés cependant à l'empire des prêtres,
Des élèves nombreux, dirigés par des maîtres,
Animés de la voix, du geste et du regard,
De la philosophie arboraient l'étendard.
Les talens imploraient son appui nécessaire.
Elle aida Marmontel à peindre Bélisaire ;
Elle ouvrit ses trésors au jeune Helvétius,
Qui lui sacrifia les trésors de Plutus ;
Elle aima de Raynal la fière indépendance ;
Saint-Lambert la charma par sa noble élégance ;
La Harpe... Je m'arrête ; il osa la trahir ;
Chamfort la défendit jusqu'au dernier soupir ;
Thomas fut son organe en louant Marc Aurèle ;
Et Condorcet périt en écrivant pour elle.

Puissance reconnue, elle obtint à la fois
L'amour des nations et le respect des rois.
Le fils et non l'égal des généreux Gustaves
L'invoquait sans pudeur en faisant des esclaves.
Aux bords de la Néva, deux reines tour à tour
La révéraient de loin sans l'admettre à la cour :
Joseph lui confiait les droits du diadème ;
Lambertini l'aimait ; Clément le quatorzième
La laissait quelquefois toucher à l'encensoir ;
En plein conseil d'État Turgot la fit asseoir ;
Au sein des parlemens, qu'étonnait sa présence,
De Servan, de Monclar elle arma l'éloquence ;

Et, chez les fiers Bretons, elle dicta l'écrit
Que traça dans les fers la Chalotais proscrit.
Elle unit le savoir à des mœurs élégantes;
Inspira dans Paris à cent femmes charmantes
Le goût de la lecture et des doux entretiens;
De la société resserra les liens;
Des rangs moins aperçus rapprocha la distance.
Des pédans à rabat trompant la vigilance,
Sur les bancs du collége elle osa se placer,
Et dans le couvent même on apprit à penser.

Méprisant des rhéteurs le stérile étalage,
Tu connus l'art de vivre, et tu vécus en sage.
Les siècles rediront aux siècles attendris
Cent traits plus beaux encor que tes plus beaux écrits
Lorsque Beccaria blâmait l'excès des peines,
Et pour le genre humain voulait des lois humaines.
Exerçant à regret une sévérité
Lente, équitable, utile à la société,
Ta voix fit retentir au sein de la patrie
Des vœux dont la sagesse honorait l'Italie:
Ta voix rendit l'honneur à l'ombre de Calas;
Et Sirven, au supplice échappé dans tes bras,
Vit par un juste arrêt la hache menaçante
S'écarter à ta voix de sa tête innocente.

Les riches, nous dit-on, sont rarement humains:
Mais jamais l'opulence, oisive dans tes mains,
Aux plaintes du malheur n'endurcit ton oreille:
C'était peu qu'adoptant la nièce de Corneille,
Ton génie acquittât la dette des Français,
Et recueillît la gloire en semant des bienfaits:

Chez toi les arts brillans guidaient les arts utiles ;
Le travail, qui peut tout, couvrait d'épis fertiles
Des champs que de Calvin les enfans consternés,
A la ronce indigente avaient abandonnés.
Sous le joug monastique asservi dès l'enfance,
L'habitant du Jura, traînant son existence,
N'osait se délivrer, ni même se bannir :
Ses bras, chargés de fers, tendus vers l'avenir,
Invoquaient sans espoir la liberté lointaine :
Tu vis son esclavage, il vit tomber sa chaîne :
Il avait en pleurant nommé ses oppresseurs ;
Mais c'est toi qu'il nommait en essuyant ses pleurs.

Faut-il donc s'étonner si la France unanime,
Au déclin de tes ans, brigua l'honneur sublime
De léguer sur le marbre à la postérité
Les traits d'un écrivain cher à l'humanité ?
O généreux concours des amis de l'étude !
Non, ce n'est pas ainsi que l'humble servitude,
Offrant comme un tribut son hommage imposteur,
Consacre à la puissance un marbre adulateur.
Tairons-nous ce beau jour où Paris dans l'ivresse
D'un triomphe paisible honorait ta vieillesse ?
Qu'on étale avec pompe aux yeux des conquérans
Des gardes, des vaincus, des étendards sanglans,
Le glaive humide encore et fumant de carnage,
Et le profane encens vendu par l'esclavage :
Ta garde était un peuple accouru sur tes pas ;
Il bénissait ton nom, te portait dans ses bras :
Des pleurs de sa tendresse il ranimait ta vie ;
A vanter un grand homme il condamnait l'envie ;
Admirait les éclairs qui brillaient dans tes yeux ;

Contemplait de ton front les sillons radieux,
Creusés par soixante ans de travaux et de gloire,
Et qui d'un siècle entier semblaient tracer l'histoire.

Ces temps-là ne sont plus: les nôtres sont moins beaux.
Les Français sont tombés sous des Welches nouveaux.
Malheur aux partisans d'un âge téméraire,
Trop longtemps égaré sur les pas de Voltaire!
Nous conservons le droit de penser en secret;
Mais la sottise prêche, et la raison se tait.
Aux accens prolongés de l'airain monotone,
S'éveillant en sursaut, la pesante Sorbonne
Redemande ses bancs, à l'ennui consacrés,
Et les argumens faux de ses docteurs fourrés.
Ainsi qu'un écolier honteux devant son maître,
La Harpe aux sombres bords t'aura conté peut-être
Des préjugés bannis le burlesque retour,
Et comment il advint que lui-même un beau jour
De convertir le monde eut la sainte manie:
Tu lui pardonneras; il a fait Mélanie.
Mais qu'a fait ce pédant qui broche au nom du ciel
Son feuilleton noirci d'imposture et de fiel?
Qu'ont fait ces nains lettrés qui, sans littérature,
Au-dessous du néant soutiennent le Mercure?
Oh! si, dans le fracas des sottises du temps,
Tu pouvais reparaître au milieu des vivans,
Les mains de traits vengeurs et de lauriers armées,
Comme on verrait bientôt ce peuple de pygmées
Dans son bourbier natal replongé tout entier,
Avec Martin Fréron, Nonotte et Sabatier!

Tu livras les méchans au fouet de la Satire.

Et qu'importe en effet qu'un rimeur en délire
Publie incognito quelque innocent écrit ?
Qu'Armante et Philaminte en leurs bureaux d'esprit
Vantent nos Trissotins parés de fleurs postiches ?
A quoi bon faire encor la guerre aux hémistiches ?
Il faut la déclarer au vil adulateur
Qui répand dans les cours son venin délateur ;
Au Zoïle imprudent que blesse un vrai mérite ;
A l'esclave oppresseur, à l'infâme hypocrite :
Sans cesse il faut armer contre leur souvenir
Un inflexible vers que lira l'avenir.

Voilà donc le parti qui veut par des outrages
A la publique estime arracher tes ouvrages !
Qui prétend sans appel condamner à l'oubli
Un siècle où la raison vit son règne établi !
Vain espoir ! tout s'éteint ; les conquérans périssent ;
Sur le front des héros les lauriers se flétrissent ;
Des antiques cités les débris sont épars ;
Sur des remparts détruits s'élèvent des remparts ;
L'un par l'autre abattus les empires s'écroulent ;
Les peuples entraînés, tels que des flots qui roulent,
Disparaissent du monde : et les peuples nouveaux
Iront presser les rangs dans l'ombre des tombeaux...
Mais la pensée humaine est l'âme tout entière :
La mort ne détruit pas ce qui n'est point matière ;
Le pouvoir absolu s'efforcerait en vain
D'anéantir l'écrit né d'un souffle divin.
Du front de Jupiter c'est Minerve élancée.
Survivant au pouvoir, l'immortelle Pensée,
Reine de tous les lieux et de tous les instans,
Traverse l'avenir sur les ailes du Temps.

A VOLTAIRE.

Brisant des potentats la couronne éphémère,
Trois mille ans ont passé sur la cendre d'Homère,
Et depuis trois mille ans Homère respecté
Est jeune encor de gloire et d'immortalité :
Nos Verrès, que du peuple enrichit l'indigence,
Entendent Cicéron provoquer leur sentence ;
Tacite en traits de flamme accuse nos Séjans,
Et son nom prononcé fait pâlir les tyrans.
Le tien des imposteurs restera l'épouvante.
Tu servis la raison : la raison triomphante
D'une ligue envieuse étouffera les cris,
Et dans les cœurs bien nés gravera tes écrits.
Lus, admirés sans cesse, et toujours plus célèbres,
Du sombre fanatisme écartant les ténèbres,
Ils luiront d'âge en âge à la postérité :
Comme on voit ces fanaux dont l'heureuse clarté,
Dominant sur les mers durant les nuits d'orage,
Aux yeux des voyageurs fait briller le rivage,
Et, signalant de loin les bancs et les rochers,
Dirige au sein du port les habiles nochers.

DISCOURS

SUR LA CALOMNIE.

Nous avons parmi nous détruit la tyrannie..
Ne détruirons-nous pas l'impure calomnie ?
J'entends déjà frémir, au nom de liberté,
Ce monstre enorgueilli de son impunité.
Les lois à son poignard opposent leur égide;
Mais, bravant du sénat la justice rigide,
Il insulte au courroux des impuissantes lois,
Et de la renommée usurpe les cent voix.

D'écrivains, d'imprimeurs quelle horde insensée
Diffame ce bel art de peindre la pensée!
Dans ce nombreux essaim, doublement indigent,
Nul n'a besoin d'honneur, tous ont besoin d'argent.

A la honte aguerris, ces forbans littéraires
Ont mis leur conscience aux gages des libraires.
Envieux par nature, et brigands par métier,
Ils vendent l'infamie à qui veut la payer :

Et, meublant de Maret la boutique infernale,
Ils dînent du mensonge, et soupent du scandale.

Bon ! me dit un lecteur, à quoi tendent ces vers ?
Ce bas monde est rempli de sots et de pervers.
Mais veux-tu, des héros négligeant la peinture,
Abaisser tes crayons à la caricature ?
Et le hideux portrait des bâtards de Gacon
Doit-il souiller la main qui peignit Fénélon ?
A F........, à L........, daigneras-tu répondre ?
Leur nom seul prononcé suffit pour les confondre.

D'accord, je ne veux point, don Quichotte nouveau,
De prétendus géans me remplir le cerveau,
Et, la lance en arrêt, cherchant les aventures,
Ou redresser les torts, ou venger les injures.
On condamne à l'oubli de petits charlatans,
Mécontens du public, et d'eux-mêmes contens.
Mais c'est peu d'ennuyer : les sots veulent proscrire.
A leur honte vénale on les a vus sourire ;
Ils pouvaient, retranchés dans leur obscurité,
Échapper aux sifflets de la postérité :
Vaincus par l'ascendant d'une étoile ennemie,
Ils ont cherché l'éclat, l'argent et l'infamie.

Ah ! ce n'est pas ainsi que les esprits bien faits
Méditent à loisir de durables succès :
Ils ne franchissent point la limite sacrée,
Et par eux la décence est toujours honorée.
L'écrivain philosophe, au-dessus des clameurs,
Instruit par la morale et même par ses mœurs.
La balance à la main, le sévère critique

Voit couronner son front du laurier didactique !
Armé de la satire, un utile censeur,
Avoué par le goût, en est le défenseur.
Le crime est au delà : tout libelliste avide,
Armé de l'imposture, est un lâche homicide.
Le plus vil a le prix dans un métier si bas ;
Mentir est le talent de ceux qui n'en ont pas ;
Nuire est la liberté qui convient aux esclaves :
Pour donner aux Français de nouvelles entraves,
De libelles fameux les auteurs inconnus
Ont sur ce noble droit fondé leurs revenus.

Comme eux, nos décemvirs, ces tyrans du génie,
Chérissaient, protégeaient, vantaient la calomnie,
Et du chêne civique ils couronnaient le front
Qu'à Rome on eût flétri d'un solennel affront.
Ah ! si quelque insensé défendait leur système,
Regarde, lui dirais-je, et prononce toi-même.
Vois le crime, usurpant le nom de liberté,
Rouler dans nos remparts son char ensanglanté :
Vois des pertes sans deuil, des morts sans mausolées ;
Les grâces, les vertus d'un long crêpe voilées ;
Près d'elles le génie éteignant son flambeau,
Et les beaux-arts pleurant sur un vaste tombeau.
Ces malheurs sont récens. Quel monstre les fit naître ?
A sa trace fumante on peut le reconnaître :
La calomnie esclave, à la voix des tyrans,
De ses feux souterrains déchaîna les torrens,
Qui du Var à la Meuse, étendant leurs ravages,
Ont séché les lauriers croissant sur nos rivages.
Nos champs furent déserts, mais peuplés d'échafauds ;
On vit les innocens jugés par les bourreaux.

La cruelle livrait aux fureurs populaires
Du sage Lamoignon les vertus séculaires.
Elle égorgeait Thouret, Barnave, Chapelier,
L'ingénieux Bailly, le savant Lavoisier,
Vergniaud dont la tribune a gardé la mémoire,
Et Custine qu'en vain protégeait la victoire.
Condorcet, plus heureux, libre dans sa prison,
Échappait au supplice en buvant le poison.
O temps d'ignominie, où, rois sans diadème,
Des brigands, parvenus à l'empire suprême,
Souillant la liberté d'éloges imposteurs,
Immolaient en son nom ses premiers fondateurs!

Allons, plats écoliers, maîtres dans l'art de nuire,
Divisant pour régner, isolant pour détruire,
Suivez encor d'Hébert les sanglantes leçons;
Sur les bancs du sénat placez les noirs soupçons;
Qu'au milieu des journaux la loi naisse flétrie;
Dans les pouvoirs du peuple insultez la patrie;
Qu'un débat scandaleux s'élève, à votre voix,
Entre le créateur et l'organe des lois;
Empoisonnez de fiel la coupe domestique;
Étouffez les accens de la franchise antique;
Courez dans tous les cœurs attiédir l'amitié,
Séchez dans tous les yeux les pleurs de la pitié;
Opposez aux vivans l'éloquence des tombes;
Prêchez l'humanité, mais parlez d'hécatombes;
Plus coupables encor, tels que de noirs corbeaux,
Osez des morts fameux déchirer les lambeaux;
Auprès de leurs rayons rassemblez vos ténèbres;
Brisez vos faibles dents sur leurs pierres funèbres.
Ah! de ces demi-dieux si les noms révérés

Par la gloire et le temps n'étaient pas consacrés,
Leur immortalité deviendrait votre ouvrage :
La calomnie honore en croyant qu'elle outrage.

Narcisse et Tigellin, bourreaux législateurs,
De ces menteurs gagés se font les protecteurs :
De toute renommée envieux adversaires,
Et d'un parti cruel plus cruels émissaires,
Odieux proconsuls, régnant par des complots,
Des fleuves consternés ils ont rougi les flots.
J'ai vu fuir, à leur nom, les épouses tremblantes ;
Le Moniteur fidèle, en ses pages sanglantes,
Par le souvenir même inspire la terreur,
Et dénonce à Clio leur stupide fureur.
J'entends crier encor le sang de leurs victimes ;
Je lis en traits d'airain la liste de leurs crimes.
Et c'est eux qu'aujourd'hui l'on voudrait excuser !
Qu'ai-je dit ? On les vante ! et l'on m'ose accuser !
Moi, jouet si longtemps de leur lâche insolence,
Proscrit pour mes discours, proscrit pour mon silence,
Seul attendant la mort, quand leur coupable voix
Demandait à grands cris du sang et non des lois !
Ceux que la France a vus ivres de tyrannie,
Ceux-là mêmes dans l'ombre armant la calomnie,
Me reprochent le sort d'un frère infortuné
Qu'avec la calomnie ils ont assassiné !
L'injustice agrandit une âme libre et fière.
Ces reptiles hideux, sifflant dans la poussière,
En vain sèment le trouble entre son ombre et moi :
Scélérats, contre vous elle invoque la loi.
Hélas ! pour arracher la victime aux supplices,
De mes pleurs chaque jour fatiguant vos complices,

J'ai courbé devant eux mon front humilié :
Mais ils vous ressemblaient, ils étaient sans pitié.
Si, le jour où tomba leur puissance arbitraire,
Des fers et de la mort je n'ai sauvé qu'un frère,
Qu'au fond des noirs cachots un monstre avait plongé,
Et qui deux jours plus tard périssait égorgé,
Auprès d'André Chénier avant que de descendre,
J'élèverai la tombe où manquera sa cendre,
Mais où vivront du moins et son doux souvenir,
Et sa gloire et ses vers dictés pour l'avenir.
Là, quand de thermidor la septième journée
Sous les feux du Lion ramènera l'année,
O mon frère ! je veux, relisant tes écrits,
Chanter l'hymne funèbre à tes mânes proscrits.
Là, souvent tu verras près de ton mausolée
Tes frères gémissans, ta mère désolée,
Quelques amis des arts, un peu d'ombre et des fleurs,
Et ton jeune laurier grandira sous mes pleurs.

Ah ! laissons là nos jours mêlés de noirs orages ;
Voulons-nous remonter le long fleuve des âges ?
Partout la Calomnie a, de traits imposteurs,
Du genre humain trompé noirci les bienfaiteurs.
Contre leur souvenir elle ose armer l'histoire :
Dans la nuit, sur le seuil du temple de Mémoire,
Elle veille et combat l'auguste Vérité,
Qui s'avance à pas lents vers la postérité.
Aux intrigues de cour c'est elle qui préside :
Souvent elle embrasa de sa flamme homicide
Le tribunal auguste où dut siéger Thémis.
O juges des Calas, vous lui fûtes soumis !
Ses clameurs poursuivaient Abailard sous la haire,

L'Hôpital au conseil, Fénélon dans la chaire,
Turenne et Luxembourg sous les tentes de Mars;
Denain même la vit sur les pas de Villars;
Et Catinat, couvert des lauriers de Marsailles,
Au lever de Louis la trouva dans Versailles.
Les Cévennes longtemps ont redouté sa voix :
Elle guidait Bâville : elle inspirait Louvois.
N'est-ce pas elle encor qui, dans Athène ingrate,
Exilait Aristide, empoisonnait Socrate ?
Qui, dans Rome opprimée, égorgeait Cicéron,
Ouvrait les flancs glacés du maître de Néron ?
Elle espéra flétrir de son poison livide
La palme de Virgile et le myrte d'Ovide.
Si l'arrêt d'un tyran fait massacrer Lucain,
Chez un peuple asservi chantre républicain;
De vulgaire envieux si la haine frivole
A l'Homère toscan ferme le Capitole;
Si je vois du théâtre et l'amour et l'orgueil,
Molière, admis à peine aux honneurs du cercueil ;
Milton vivant proscrit, mourant sans renommée,
Et la muse du Tage à Lisbonne opprimée;
Helvétius contraint d'abjurer ses écrits ;
Le Pindare français, loin des murs de Paris,
Fuyant avec la gloire, et cherchant un asile;
Les cités se fermant devant l'auteur d'Émile :
Sur l'éternel fléau de leurs jours malheureux,
J'interroge en pleurant ces mortels généreux :
Leurs mânes irrités nomment la Calomnie.
On ne vit pas toujours son audace impunie.
Pope chez les Anglais, Voltaire parmi nous,
Souillés des noirs venins de ses serpens jaloux,
Repoussant les conseils d'une molle indulgence,

A leurs vers enflammés dictèrent la vengeance.
Guidé par le plaisir vers ces divins écrits,
Le lecteur indigné confond dans son mépris
Les Blacmores français, les Frérons d'Angleterre;
L'avenir tout entier leur déclare la guerre :
Pour l'effroi des méchans, un immortel burin
Grava ces noms flétris sur des tables d'airain.
O poètes de l'homme, et mes brillans modèles!
Ainsi que vous noirci de crayons infidèles,
A Windsor, à Ferney, sous de rians berceaux,
J'irai de vos couleurs abreuver mes pinceaux.
Le talent me fut cher : et, si des derniers âges
Souvent j'ai célébré les chantres et les sages,
Je n'ai pas prétendu, dans mes dégoûts savans,
De la gloire des morts accabler les vivans.
Que, suivant à son gré ces routes incertaines,
Clément veuille égaler Zoïle et Desfontaines :
Que dans ses lourds écrits, froidement irrité,
Il dénonce son siècle à la postérité :
Ma voix, pour décerner un hommage équitable,
N'attend pas que le Temps de sa faux redoutable
Ait réuni Saint-Pierre à Jean-Jacque, à Buffon,
Garat à Condillac, et Lagrange à Newton.
Les illustres vivans seront des morts illustres.
A l'humaine injustice épargnons quelques lustres :
Au sein du présent même écoutant l'avenir,
Certain de ses décrets, je veux les prévenir.
J'aime à voir Andrieux, avoué par Thalie,
Des humains, en riant, crayonner la folie;
Parny dicter ses vers mollement soupirés;
En ses malins écrits, avec goût épurés,
Palissot aiguiser le bon mot satirique;

Lebrun ravir la foudre à l'aigle pindarique ;
Delille, nous rendant le cygne aimé des dieux,
Moduler avec art ses chants mélodieux ;
Et, de l'Eschyle anglais évoquant la grande ombre,
Ducis tremper de pleurs son vers tragique et sombre.

Si la Harpe autrefois, blessant la vérité,
Voulut noircir mes jours d'un fiel non mérité,
Oubliant sa brochure et non pas Mélanie,
Au temps où sa vieillesse allait être bannie,
Plein du respect qu'on doit au talent malheureux,
J'ai du moins adouci des coups trop rigoureux.
Des arts abandonnés réparant l'infortune,
J'ai de leur souvenir embelli la tribune ;
Talleyrand méconnu dans l'exil a gémi ;
Il était délaissé : je devins son ami ;
Un décret du sénat le rendit à la France.
J'ai vécu libre et fier, mais sans intolérance,
Plaignant le sot crédule, abhorrant l'imposteur,
Souvent persécuté, jamais persécuteur,
Adversaire constant de toute tyrannie,
Ami de la vertu, défenseur du génie,
Convaincu seulement du crime détesté
D'avoir aimé, servi, chanté la liberté.

Oui j'ai commis ce crime, et je m'en glorifie ;
Oui, les sucs généreux de la philosophie
Ont contre les revers fortifié mon cœur :
Des préjugés vieillis ils m'ont rendu vainqueur.
Aux feux qu'ont allumés Rousseau, Bayle et Voltaire,
J'ai vu se dissiper cette ombre héréditaire
Qui couvrait les humains dans la nuit expirans,

Et j'ai su mériter la haine des tyrans.
Des esclaves vendus la colère débile
De cris calomnieux a fatigué ma bile;
Ma muse d'Archiloque implora le courroux :
Ma muse enfin retourne à des travaux plus doux.
Amitié, dont les soins font oublier l'envie,
Arts, brillans séducteurs qui colorez la vie,
Raison, guide des arts et même des plaisirs,
Embellissez encor mes studieux loisirs.
Ramenez-moi les jours d'audace et d'espérance,
Où j'ai peint l'Hôpital, ce Caton de la France;
Où Boulen et Seymour ont fait couler des pleurs,
Où le grand Fénélon, paré de quelques fleurs,
Et, du fond de sa tombe accueillant mon hommage,
Dictait mes vers empreints de sa fidèle image.
Les nombreux ennemis contre moi conjurés
Affermiront mes pas, déjà plus assurés.
Je laisse à mes écrits le soin de ma défense.
Le dieu qui dans son art instruisit mon enfance
Donne à ses nourrissons un exemple sacré :
Si l'impudent Satyre est par lui déchiré,
S'il punit d'un Midas les caprices stupides,
S'il écrase un Python sous ses flèches rapides,
De ses feux bienfaisans il mûrit les moissons;
Dans ses douze palais il conduit les Saisons;
Il préside aux concerts des doctes Immortelles,
Et sur sa lyre d'or il chante au milieu d'elles.

ESSAI
SUR LA SATIRE.

On peut laisser en paix des rimeurs innocens
Dont la muse inconnue outrage le bon sens :
«Qu'un *Ferlus*, qui végète aux marais du Parnasse,
»Pense atteindre le vol de Lucrèce et d'Horace ;
»Qu'en écrivant aux sots, *Despaze*, dans l'accès,
»Braille ses vers gascons qu'il croit des vers français ;
»Qu'un *Balourd-Lormian**, ridicule pygmée,
»Travestisse le Tasse en prose mal rimée ;
»Tous ces fils de Cotin, plus décriés que lui,
»Des mépris du public se vengent par l'ennui ;»
Mais, des mœurs et du goût s'ils se disent arbitres,
Du tribunal burlesque on veut savoir les titres.
Qui ne rirait de voir un Zoïle irrité
Nous demander raison de son obscurité,
Et, ne prévoyant pas les dégoûts qu'il s'attire,
Armer sa faible main du fouet de la satire ?
Quelques censeurs, bravant d'orageuses rumeurs,
Contre le vice altier défendirent les mœurs :

* Ce passage a été écrit lors de la première traduction que l'auteur avait faite du Tasse.

Mais l'austère vertu recommandait leur vie.
En des vers généreux s'ils attaquaient l'envie,
Ils savaient rendre hommage au mérite envié;
Et, s'ils vengeaient le goût trop souvent oublié,
Chacun de leurs écrits, au goût toujours fidèle,
En donnant la leçon présentait le modèle.
Dans la Grèce autrefois, sur la scène étalés,
Socrate et Périclès, en public immolés,
Étaient livrés aux ris d'une foule profane.
Si l'envie inspirait les vers d'Aristophane,
La vengeance dicta, dans ses fougueux élans,
D'Archiloque en fureur les ïambes sanglans.
Chez les Romains bientôt, sous la plume d'Horace,
La satire, unissant la vigueur et la grâce,
Sans préparer l'exil, sans verser le poison,
D'un utile enjoûment vint orner la raison.
Fort, mais avec douceur, précis quoique facile,
Ce poëte élégant, le vainqueur de Lucile,
Animant un vers pur du feu de ses bons mots,
Fut chéri des talens et redouté des sots.
Aux stoïques leçons quand sa muse exercée
Prouve que la sottise est toujours insensée,
Que l'homme n'est jamais content de ses destins,
Quand de Nasidiénus * il décrit les festins,
D'avides héritiers quand il peint la bassesse,
Ou qu'aux sifflets de Rome il présente sans cesse
Le jargon pédantesque et les tons importans
De ce lourd Crispinus, le Rœderer du temps,

* Ou bien

De Nasidiénus s'il décrit les festins,
D'avides héritiers s'il nous peint la bassesse.

Il sait, de la satire ennoblissant l'usage,
Railler en honnête homme et badiner en sage;
Et ses charmans écrits, retenus du lecteur,
Sont toujours d'un poète et jamais d'un rhéteur.

Plus concis, plus obscur, et moins parfait sans doute,
De son grand devancier Perse suivit la route;
D'une austère candeur il connut tout le prix;
C'est la vertu qui parle en ses chastes écrits.
Eh! qui n'applaudirait lorsque ses traits caustiques
Du palais des Césars franchissent les portiques,
Et même au despotisme inspirant la terreur,
Vont, au bruit des sifflets, réveiller l'empereur?
D'un siècle corrompu la publique impudence
De l'ardent Juvénal souleva l'éloquence :
De mouvemens heureux tous ses vers animés
D'un cœur vraiment ému jaillissent enflammés.
Dans ses hideux tableaux Rome entière respire ;
Le juge vend la loi, le sénat vend l'empire;
Tout fier d'un testament par le crime dicté,
Un adultère insulte au fils déshérité;
Les affranchis par l'or achètent la naissance;
Les nobles par la honte achètent la puissance;
Et d'un manteau sacré le vice revêtu
Trafique impudemment du nom de la vertu.
Voyez des corrupteurs la horde enchanteresse,
Reste vil et flétri du beau sang de la Grèce,
Adolescens, vieillards, de débauches perdus,
Par un mélange affreux les sexes confondus ;
Les épouses souillant la couche nuptiale,
Affichant leur opprobre et luttant de scandale.
Messaline en délire, outrageant son époux,

SUR LA SATIRE.

Rit de ses attentats et les surpasse tous.
Tandis que l'empereur stupidement sommeille,
L'œil ardent, près de lui, l'impératrice veille :
Par de faux cheveux blonds son front est ombragé ;
Et, quand dans le repos tout l'empire est plongé
Elle court de Vénus célébrer les mystères,
Porte en des lieux impurs ses fureurs adultères.
Là, de honteux plaisirs s'enivrant à son gré,
Du nom de Lycisca voilant son nom sacré,
Lasse de voluptés, mais jamais assouvie,
Celle, ô Britannicus, qui t'a donné la vie,
Seule, et de crime en crime errant en liberté,
Prostitue aux Romains les flancs qui t'ont porté.

Après un long repos la moderne Italie
Aux jours des Médicis renaquit embellie,
Et, parmi les beaux-arts en foule renaissans,
La muse satirique éleva ses accens.
Celui qui de nos preux a chanté les merveilles,
L'Arioste un moment lui consacra ses veilles,
Mais la cour de Ferrare épiait ses discours,
Et la satire est faible, écrite au sein des cours.
Si des liens dorés ont gêné son audace,
S'il répand dans ses vers moins de sel que de grâce,
Du langage toscan la douce urbanité
Brille en plus d'un récit élégamment conté ;
Et, dans ces jolis riens qu'un style heureux décore,
L'Arioste imparfait est l'Arioste encore.

De Régnier parmi nous Despréaux fut vainqueur.
Gloire au grand Despréaux ! son génie et son cœur
Au vrai qu'il adora furent toujours fidèles.

Ce modèle à jamais formera les modèles.
Parmi tous les talens qu'éleva Port-Royal,
Le nerveux, le précis, l'ingénieux Pascal,
Pliant à tous les tons sa facile éloquence,
De sa prose classique enrichissait la France.
Despréaux, s'illustrant par de nouveaux succès,
Assura les honneurs de l'Hélicon français.
Dans ses vers épurés polissant le langage,
De l'élégant Malherbe il consomma l'ouvrage,
Des chefs-d'œuvre d'Horace atteignit la hauteur,
Et du premier des arts fut le législateur.
Que dis-je ? il détrôna ces faux rois du Parnasse
Dont l'hôtel Rambouillet encourageait l'audace,
Et qui, des pensions faisant surtout grand cas,
Vendirent à Colbert l'esprit qu'ils n'avaient pas ;
Cotin, de plats sonnets importunant les belles,
Parlant, rimant, prêchant sur le ton des ruelles ;
L'âpre et dur Chapelain, qui, sans goût et sans art,
Tenta de rajeunir la rouille de Ronsard :
Montfleury, qui se crut l'émule de Molière :
Cet ignoble Pradon que vantait Deshoulière,
Pradon, sans la satire à jamais ignoré,
Mais au divin Racine un moment préféré.
En ces jours où d'Agnès la simplicité pure
Des Marivaux du siècle obtenait la censure ;
Où le sublime Alceste essuyait des mépris ;
Où du Contemplateur les vers étaient proscrits ;
Où dans plus d'un libelle, et même dans la chaire,
Tartufe démasqué tonnait contre Molière ;
Quand de Britannicus les vers mélodieux,
Et Tacite embelli par la langue des dieux,
Languissaient, désertés sur la scène avilie :

SUR LA SATIRE.

Quand d'ineptes lecteurs dédaignaient Athalie,
Les cris injurieux d'un public abusé
A l'oracle du goût n'en ont pas imposé.
Despréaux, signalant un utile courage,
Au jugement vulgaire opposa son suffrage,
Et, payant au génie un tribut mérité,
Prononça les décrets de la postérité.

Tu chéris Despréaux, et tu suivis sa trace,
Élève de Virgile, et d'Homère, et d'Horace,
Pope, éternel honneur des muses d'Albion.
Soit que parmi les dieux, sous les murs d'Ilion,
Tu chantes les combats et le courroux d'Achille;
Soit que, d'un ton plus doux, la flûte de Sicile
Aux rives du Lodon module sous tes doigts
Des chants que de Windsor ont répétés les bois;
Soit que, tenant en main le compas didactique,
En d'épineux sentiers tu guides la critique;
Soit que d'un vain orgueil châtiant les travers,
Tu dévoiles à l'homme et l'homme et l'univers:
Soit qu'au pied des autels apportant son délire,
L'épouse d'Abailard, revivant sur la lyre,
Exhale en traits de feu son amour et ses pleurs :
Mariant avec art les tons et les couleurs,
Partout d'heureux détails enrichissant le style,
Même dans l'agrément ne cherchant que l'utile,
Économe de mots et prodigue de sens,
A l'austère raison tu soumets tes accens;
Et ta muse, à la fois élégante et sensée,
En vers pleins et nerveux burine la pensée.
Quel prix récompensa tant de nobles travaux ?
Du grand homme envie se croyant les rivaux,

Le lauréat Cibbert, Blacmore l'emphatique,
Philips, abandonnant son chalumeau rustique,
Tous les jours contre Pope élevant leurs clameurs,
Tentèrent de flétrir ses talens et ses mœurs.
Assailli, délaissé, mais fidèle à sa gloire,
Pope aux sifflets vengeurs dévoua leur mémoire,
A leur haine insolente opposa leurs écrits,
Et de Stupidité chanta les favoris.
Peu satisfait de vaincre une horde vulgaire,
Aux Midas en crédit il déclara la guerre.
Montagu de Sapho reconnut le portrait ;
Sporus Harvey rougit d'être peint trait pour trait ;
Même dans les boudoirs il devint ridicule,
Faible nain succombant sous les flèches d'Hercule.
Si Pope se vengea des Bavius puissans,
Au sage Bolingbroke il offrit son encens,
Et, peu fait pour les cours, fidèle avec audace,
Ami de sa faveur, il aima sa disgrâce.
Voit-il que, tourmenté par d'envieux accès,
Addison d'un ami redoute les succès ;
Emu contre Addison d'un courroux légitime,
Il lance un trait malin qu'émousse encor l'estime.
Jusque dans ses écarts, il s'arrête partout
Où finit la décence, où s'arrête le goût :
Grand mystère de l'art qui fait tout l'art lui-même ;
Des talens consommés secret rare et suprême,
Qu'avant lui Rochester n'avait pas su trouver,
Que Churchill après lui n'a pas su conserver.

Sous l'empire indolent de la folle Régence,
Voltaire, en l'âge heureux où se mûrit l'enfance,
Vit les ris succéder à ces sombres ennuis

Dont la pompe attristait le déclin de Louis.
Du Maine applaudissait aux chants de Saint-Aulaire,
Quand du riant vieillard la voix jeune et légère
Égayait au printemps les bocages de Sceaux ;
Dans les jardins du Temple, assis sous des berceaux,
Et Vendôme et son frère, oubliant la victoire,
Déposaient leur grandeur, et délassaient leur gloire :
Loin des cours, loin des camps, ils trouvaient des amis.
Tartufe à leurs festins n'était jamais admis ;
Mais Chaulieu, dans l'accès d'une élégante ivresse,
Y soupirait ses vers, enfans de la paresse ;
Il couronnait de fleurs sa dernière saison ;
Il prêchait le plaisir, et chantait la raison.
Voltaire, de Chaulieu suivant le doux exemple,
Apprit à ses côtés, dans l'école du Temple,
Cet art si peu connu d'orner la vérité,
D'être sage en riant, d'instruire avec gaîté.
Il y puisa surtout l'horreur des fanatiques,
La haine et le mépris des préjugés gothiques,
Domaine des tyrans qui règnent sur les sots :
Le besoin de tromper rend les tyrans dévots.
A Vénus-Uranie il offrit ses hommages ;
Elle a de son poëte inspiré les ouvrages.
Il eut tous les talens, ces premiers dons des cieux :
S'il veut de Torquato, rival audacieux,
Emboucher la trompette et chanter nos ancêtres,
Ou, plus brillant, plus riche, et seul entre les maîtres,
Égaler l'Arioste en ses divins tableaux ;
Si Clio lui remet ses austères pinceaux,
Ou si, durant un siècle enrichissant la scène,
Il ceint de vingt lauriers le front de Melpomène,
D'un pas toujours égal en sa route affermi,

Il sait, du fanatisme implacable ennemi,
Affaiblir un pouvoir qu'il eût voulu détruire,
Charmer le genre humain, le venger et l'instruire.
Pour la philosophie armant jusques aux rois,
De la satire altière il étendit les droits.
Elle a pris de Minerve et l'égide et la lance.
En vain pour condamner le grand homme au silence,
La Sottise en fureur écrit des mandemens,
Soulève les prélats, émeut les parlemens,
Déchaîne ce troupeau de pédans sacriléges
Qui, dans quelque paroisse, ou du fond des colléges,
De Dieu, par bonté d'âme, intrépides soutiens,
Vendent à bon marché des libelles chrétiens.
Le pétulant sarcasme et la fine ironie,
Les bons mots, les bons vers, coulent de son génie :
C'est un vin généreux qui, dans l'air élancé,
Loin du liége importun dont il était pressé,
Fait jaillir à longs flots la mousse et l'ambroisie,
Et l'oubli des chagrins dont notre âme est saisie.
Quelquefois la vengeance égara ses pinceaux :
Lorsque de traits hideux il peint les deux Rousseaux,
De la satire injuste on méconnaît l'empire ;
Le rire à peine éclos sur les lèvres expire ;
Le bon mot le plus gai se lit avec douleur.
Sacrés par le talent, plus saints par le malheur,
Que de titres unis pour désarmer sa haine !
Mais, tant que sur les bords embellis par la Seine
Des charmes du langage on sentira le prix ;
Tant que d'un art divin les deux mondes épris,
Offrant un libre hommage aux muses de la France,
De nos chantres fameux chériront l'élégance,
L'avenir sifflera Nonotte, Sabatier,

Desfontaines, Fréron, Clément, Trublet, Berthier,
Et tout ce noir essaim d'immortelles victimes
Que le malin Voltaire enchaînait dans ses rimes.
Il fut persécuté, même au fond du tombeau :
Mais qui peut du génie éteindre le flambeau ?
Son nom qui rendait seul la raison triomphante,
Son nom, cher aux Français, restera l'épouvante
De tous les imposteurs et de tous les tyrans.
S'il caressa les rois, s'il ménagea les grands,
Flatteur pour obtenir le droit d'être sincère,
Il paya malgré lui ce tribut nécessaire ;
Mais de loin, sous ses coups, les rois ont succombé
Il ébranla l'autel, et le trône est tombé.

Plus fort qu'ingénieux, moins plaisant que caustique,
Gilbert, de Juvénal émule fanatique,
Du plus sot Mahomet Séide infortuné,
Expira jeune encore et trop tôt moissonné.
Canonisé par lui jusque dans la satire,
Beaumont fit rire un peu : tout nouveau saint fait rire ;
Mais Gilbert, consumé d'un délire fatal,
Protégé par Beaumont, mourut à l'hôpital.
Sa muse audacieuse, aux luttes aguerrie,
Semble être d'Apollon la prêtresse en furie,
Terrible, et s'agitant sur le trépied sacré,
Aux approches du dieu par ses cris imploré.
Trop heureux si toujours à la raison docile,
Laissant à la colère un accès moins facile,
Et des siècles futurs prévenant les arrêts,
Il n'eût d'un fiel dévot empoisonné ses traits !
Mais souvent dans ses vers, pleins d'un affreux cou-
L'outrage est un éloge, et l'éloge un outrage. [rage,

Après avoir vanté Baculard et Fréron,
Il crut de d'Alembert étouffer le renom,
Il voulut renverser de sa main trop hardie
Le portique imposant de l'Encyclopédie ;
Du ton de Bossuet Descartes célébré,
L'éloge d'Antonin par lui-même inspiré,
Du chantre des Saisons l'élégante harmonie,
Et les pleurs éloquens que verse Mélanie,
Rien n'a pu de Gilbert désarmer les dégoûts.
De Voltaire lui-même osant être jaloux,
Jeune homme, il attaqua sa gloire octogénaire ;
Qui vanta Baculard dut décrier Voltaire.
Il prétendit flétrir d'un souffle criminel
Les palmes qui couvraient le vieillard solennel ;
Mais OEdipe et Brutus, mais Tancrède et Zaïre,
Mérope, Mahomet, Sémiramis, Alzire,
Accablèrent bientôt de leur poids glorieux
Le Titan révolté luttant contre les dieux.

Le Parnasse français voyait ternir son lustre ;
Mais, dans nos derniers temps, déclin d'un âge illustre,
La satire eut encor quelques adorateurs,
Des demi-dieux du Pinde heureux imitateurs.
Aux ris immodérés des doctes Immortelles
Elle exposa Fréron rampant avec des ailes,
Et sur le sombre bord, peu fertile en bons mots,
On la vit applaudir à l'ombre de Duclos.
Elle n'inspira point un maladroit faussaire,
De tous les vrais talens imbécile adversaire,
Clément, qui redoutait l'opprobre de son nom,
Et signait Despréaux en imitant Gacon ;
Ni Robé l'impudique, effroi de la décence :

Ni l'aîné Rivarol, jaloux par impuissance,
Qui, faute de penser, parodiste bouffon,
En quolibets de Gille insultait à Buffon.
Vains efforts d'une muse inepte et léthargique!
Les talens sont armés d'un bouclier magique,
Et, par son triple airain, tous les traits repoussés
Vont blesser l'imprudent qui les avait lancés.

Mais d'antiques travers quel immense héritage!
Quel siècle au ridicule a prêté davantage?
Pope va-t-il encore, échappé du tombeau,
Aux sots mal déguisés présenter le flambeau?
Restaurateur du goût, qui peut rendre au Parnasse
L'enjoûment de Boileau, l'urbanité d'Horace;
Ou de Perse imitant l'utile obscurité,
Faire au milieu du Louvre entrer la vérité?
Les temps sont différens; les sottises pareilles.
Midas, bon roi Midas, qui n'a pas les oreilles?
Voyez dans ce lycée un bataillon d'auteurs,
L'un de l'autre envieux, l'un de l'autre flatteurs.
Devant Léontium Sapho lit ses ouvrages;
Là, de vieux écoliers se vendent leurs suffrages:
Ces nains, rétrécissant la scène des Français,
Ont un grand amour-propre et de petits succès:
Ils chantent le triomphe, et manquent la victoire;
Recherchent la louange, et négligent la gloire;
Molières d'un boudoir, Sophocles d'un salon,
Parlent à cinquante ans de leur jeune Apollon;
Et, lassant le public d'une longue espérance,
Dans les journaux qu'ils font sont l'honneur de la
    France.
Laissons-leur ces plaisirs. De plus sombres tableaux

Pourraient de Juvénal exercer les pinceaux :
Il n'est plus de patrie, et la France fut libre.
Des droits et du pouvoir l'imposant équilibre
Par le poids d'un seul homme est désormais rompu :
Le fer a tout conquis ; l'or a tout corrompu ;
Aux esclaves de cour la tribune est livrée ;
La flatterie impure, arborant la livrée
Siége dans le conseil, élit les sénateurs,
Fait les tribuns du peuple et les législateurs.
«Et quand des citoyens l'élite gémissante,
»Célèbre, dans le deuil, la république absente,
»De scandaleuses voix que hait la liberté
»Aux jeux républicains chantent la royauté*.»

Voltaire est au cercueil, et les Welches renaissent ;
Du fanatisme ardent les cent têtes se dressent ;
A régner par le glaive il n'a pas renoncé,
Et le nom d'hérétique est déjà prononcé.
On nous promet bientôt d'aimables dragonnades,
Un bel auto-da-fé, de charmantes croisades.
Dans le fond d'un boudoir, en chapelle érigé,
C'est en enfant Jésus que l'Amour est changé.
Cidalise, infidèle à la philosophie,
Dévote pour deux jours, coquette pour la vie,
Convertit les amans qu'elle eût damnés jadis ;
Satan s'est fait ermite, et rentre au paradis ;
Les nouveaux partisans des gothiques usages,
Pour le dieu des cagots quittant le dieu des sages,
Sur des tréteaux sacrés prêchent le genre humain,
Et je vois l'athéisme un rosaire à la main.

* Vers composés par M. J. Chénier à l'époque de son exclusion du Tribunat.

Malheur au bon esprit dont la pensée altière
D'un cœur indépendant s'élance tout entière;
Qui respire un air libre, et jamais n'applaudit
Au despotisme en vogue, à l'erreur en crédit!
Mais heureux le grimaud qui de la servitude
Contracta jeune encor la docile habitude!
Écrit-il sur les lois, c'est plus que Montesquieu;
Fait-il des vers galans, c'est Gresset ou Chaulieu;
Fût-il un vrai Cotin, d'éloges on l'assomme,
Et Duponceau lui-même au Mans est un grand homme.
Pour moi, dès mon enfance, aimant la vérité,
Et libre avant les jours de notre liberté,
Vengeur du nom français, depuis que sur la scène
J'ai traîné Charles neuf, Médicis et Lorraine,
Des partis en fureur j'ai soulevé les cris.
Vingt presses gémissant sous des milliers d'écrits
Par l'imposture même ont fatigué Morphée:
Leur masse injurieuse est mon plus beau trophée.
Oh! qu'aisément comblé d'éphémères honneurs,
De tous nos grands baillards j'aurais fait des prôneurs,
Si, désertant la France et flattant l'Angleterre,
Ma muse eût mendié l'or qui nous fait la guerre,
De la cause publique affiché l'abandon,
Acheté par la honte un scandaleux pardon,
Et, quittant les drapeaux de la raison proscrite,
Étalé sans pudeur un cilice hypocrite!
Mais ferme dans ma route, et vrai dans mes discours,
Tel je fus, tel je suis, tel je serai toujours.
Gorgé de honte et d'or, un impudent Maurice
Du pouvoir quel qu'il soit adorant le caprice,
De tout parti vaincu mercenaire apostat,
Peut vendre ses amis comme il vendit l'État.

Lorsque la trahison marche sans retenue,
Lorsque la république est partout méconnue,
Dédaignant de flatter ses ennemis puissans,
A son autel désert j'apporte mon encens;
De son auguste nom sanctifiant mes rimes,
Des idoles du jour bravant les heureux crimes,
Je n'abdiquerai point, dans des chants imposteurs,
L'honneur d'être compté parmi ses fondateurs.
J'ai vécu, je mourrai fidèle à sa bannière.
Que Baour ou Villiers, Colnet ou Souriguière,
Bâtards dégénérés dont rougit l'Arétin,
De Franco, s'il se peut, évitent le destin!
Je réclame leur haine, et non pas leurs suffrages;
Je leur demande encor d'honorables outrages,
Contre moi réunis, qu'ils me lancent d'en bas
Des traits empoisonnés qui ne m'atteindront pas.
Plus puissant que la loi qui gémit en silence,
Un trait lancé d'en haut punit leur insolence,
Et de leur nom flétri l'ineffaçable affront
Est comme un fer brûlant imprimé sur leur front.

DISCOURS

SUR

L'intérêt Personnel.

L'homme sent, l'homme agit, et sa raison le guide;
Mais de cette raison chancelante et timide
Nous voulons découvrir le mobile éternel.
Quel est-il? C'est, dit-on, l'intérêt personnel.
Nous agissons par lui; son empire est suprême:
Des vices, des vertus l'origine est la même;
Le sage ou l'insensé, le juste ou le pervers,
Soit qu'il traîne ses jours sous le poids des revers,
Soit qu'en ses moindres vœux le destin le seconde,
De lui seul occupé, se fait centre du monde.
Tout cherche son bien-être, et chacun vit pour soi:
Des êtres animés c'est l'immuable loi;
Dans les airs, sous les eaux, ainsi que sur la terre,
L'intérêt fait l'amour, l'intérêt fait la guerre. [ros.
Quand, pour huit sous par jour, deux cent mille hé-
Vont sur les bords du Rhin ferrailler en champ clos,
Les vautours du pays, les loups du voisinage,
Certains de leur pâture, attendent le carnage;
Un vieux soldat manchot, devenu caporal,

Rend grâce à sa blessure, et court à l'hôpital ;
Aux dépens du vaincu qu'il assomme et qu'il vole,
Le vainqueur croit fixer la gloire qui s'envole,
Et du prochain hameau le curé bon chrétien
Gémit sur tant de morts qui ne rapportent rien.

Soit, mais votre système admet quelque réserve.
Régnier a-t-il raison quand il dit avec verve :
L'honneur est un vieux saint que l'on ne chôme plus?
Il a tort ; c'est juger d'après les seuls abus.
On chôme l'intérêt ; tous les jours c'est sa fête ;
De son autel chéri la pompe est toujours prête ;
Chaque heure y voit sans cesse accourir à grands flots
Et des prêtres fervens, et de zélés dévots.
Sous le saint aux pieds d'or l'espèce humaine entière
Ne courbe pourtant pas son front dans la poussière.
Si la foule est pour lui, s'il est fêté, chanté,
Si l'autel du vieux saint n'est pas si fréquenté,
Le vieux saint toutefois a plus d'un prosélyte :
Sans chanter l'intérêt, quelques mortels d'élite
Vont offrir à l'honneur de pudiques accens,
Et brûler devant lui leur solitaire encens.

Cet honneur, direz-vous, c'est pour soi qu'on l'implore,
Et, sous un plus beau nom, c'est l'intérêt encore.
J'en doute : expliquons-nous. Que d'ordres chamarré,
Par les honneurs du temps Giton deshonoré,
Pour prix des lâchetés qu'il nomme ses services,
Montre autant de cordons qu'il veut cacher de vices,
On lui rend à son gré l'hommage qu'on lui doit ;
On a les yeux sur lui ; car on le montre au doigt :
Il jouit ; c'est un sot que l'intérêt inspire.

Mais parmi les mortels soumis au même empire
Comptez-vous Callisthène, entouré d'imposteurs,
Du conquérant de l'Inde ardens adulateurs?
Comme eux à des bienfaits il aurait pu prétendre
S'il eût voulu comme eux faire un dieu d'Alexandre.
Est-ce par intérêt qu'on lui voit à leur sort
Préférer la disgrâce, et les fers et la mort?

Oui, car il les choisit, me répond un sophiste. —
Et de vingt choix pareils que prouverait la liste? —
«Qu'il est des glorieux comme des courtisans.
On chérit les malheurs quand ils sont éclatans:
On se dit: Nous souffrons, mais le peuple nous loue.
Pour sauver les Romains Décius se dévoue;
Régulus, en quittant leur sénat éploré,
Va chercher à Carthage un supplice assuré;
Plus faible que César au grand jeu des batailles,
Caton veut rester libre, et s'ouvre les entrailles.
Que sont-ils ces gens-là? D'illustres fanfarons,
Certains que l'avenir consacrera leurs noms,
Et que la déité qui tient les cent trompettes
Du récit de leur mort enflera les gazettes.
Tous ces faits merveilleux dont vous vous entichez,
Les chrétiens les nommaient de splendides péchés.
Des chrétiens à leur tour n'avons-nous rien à dire?
L'intérêt personnel les poussait au martyre.
Avides du trépas, ces sectaires pieux
Terminaient leur exil, et conquéraient les cieux.
Au temps de saint Bernard, quand nos benêts d'an-
    cêtres
Vendaient, en se croisant, leur héritage aux prêtres,
De ces champs, qu'ils cédaient par des contrats écrits,

Ils exigeaient le double aux champs du paradis;
Ils gagnaient cent pour cent; et, par-devant notaire,
On faisait des deux parts une excellente affaire.
Selon les temps, les lieux, chaque homme a ses désirs;
D'après son caractère il se fait des plaisirs.
L'avare enfouit l'or; le prodigue le jette;
La prude fuit l'éclat que cherche la coquette;
Lucrèce et Virginie aiment la chasteté,
Maintenon le pouvoir, Ninon la volupté;
Richelieu, promenant ses banales tendresses,
A cinquante ans passés trompe encor vingt maîtresses:
Et Rancé, dès trente ans, infidèle aux amours,
Au désert de la Trappe ensevelit ses jours.
Par Comus et Pomone une table fournie,
Délicate, abondante, et cinq fois regarnie,
N'épuise point les vœux du lourd Apicius;
Un plat mal apprêté satisfait Curius.
Des athlétiques jeux Sparte fait ses délices;
Sybaris effrayée y verrait des supplices.
Marc-Aurèle est modeste au palais des Césars;
L'orgueilleux Diogène, appelant les regards,
Étale en un tonneau, dans la place publique,
L'appareil dégoûtant de son faste cynique.
Néron, las de chanter, s'applique à des forfaits,
Vindex à des exploits, Titus à des bienfaits;
Frédéric fait des vers et gagne des batailles;
Louis quinze avili ne fait rien à Versailles.
Les goûts sont variés, et chacun suit son goût:
Mais je vois toujours l'homme, et l'intérêt partout.»

Non, l'homme n'est point là: l'intérêt fait nos vices.
Il les cache avec art sous des vertus factices;

Mais la vertu réelle est dans les cœurs bien nés.
Sous vos crayons malins ses traits sont profanés,
Des sentimens moraux vous effacez l'image.
Si l'homme est isolé, c'est dans l'état sauvage.
Cet état n'est qu'un rêve ; et la Divinité
Forma le genre humain pour la société.
Or du nœud social quelle est la garantie ?
C'est le pouvoir secret qu'on nomme sympathie,
Ce besoin de sortir des limites du *moi*,
De vivre utile au monde en vivant hors de *soi*.
De là ces doux liens d'époux, de fils, de pères,
La tendresse angélique empreinte au cœur des mères,
Et les épanchemens de la tendre amitié,
Et les bienfaits pieux que répand la pitié,
L'amour, consolateur des peines de la vie,
Ce qui fait les héros, l'amour de la patrie,
Et, ce que célébrait un éloquent Romain,
La source des vertus, l'amour du genre humain.

D'un juge plein d'honneur la justice égarée
Fit priver de ses biens une veuve éplorée :
Détrompé, réparant l'irrévocable arrêt,
Il rend tout à la veuve : est-ce par intérêt ?
Non : l'intérêt commande au juge tyrannique,
Prononçant d'un front calme une sentence inique,
Et du temple des lois chassant avec courroux
L'orphelin dépouillé qui pleure à ses genoux.
Bourbon, de nos guerriers longtemps le chef suprême,
Blessé dans son orgueil, dans sa fortune même,
S'indigne, et, désertant les étendards français,
D'un monarque étranger va subir les bienfaits :
C'est à l'intérêt seul que Bourbon sacrifie.

Mais Catinat vainqueur commande en Italie;
Je le vois, sans murmure, à l'ordre de son roi,
Soldat obéissant, marchant sous Villeroi.
L'intérêt produit-il un dévoûment si rare?
Dans les remparts de Dreux un fléau se déclare,
A le fuir invité, l'auteur de Venceslas
Y reste, attend son heure, et reçoit le trépas.
Quand Marseille est en proie à la même influence,
Le héros de Denain gouverne la Provence:
Cent mille infortunés l'appellent à grands cris;
Il les plaint, les exhorte, et demeure à Paris.
Tous deux à l'intérêt les trouvez-vous sensibles?
Est-ce un commun motif qui les retient paisibles,
Rotrou, dans le séjour où le trépas l'attend,
Villars, loin du péril, à la cour du Régent?

Le plomb n'est point tiré des mines de Golconde:
Près des monts d'Ibérie une eau pure et féconde
Dans les corps languissans fait couler la santé;
Cette eau n'a point sa source au marais empesté
Dont la fièvre homicide habite les rivages,
Et qui, dans un été, dépeuple vingt villages.
Ah! que sur les bons cœurs la vertu règne en paix!
L'intérêt personnel n'a que trop de sujets.
C'est le roi du tyran, sous qui trente ans de guerre
De flots de sang et d'or ont épuisé la terre;
Le roi du courtisan, qui vendit son honneur,
Et fut esclave habile, afin d'être oppresseur;
Du publicain pervers, qui, du sein des rapines,
Insulte, en s'enivrant, aux publiques ruines;
Du charlatan sacré, qui, la crosse à la main,
Vit, inutile au monde, aux frais du genre humain.

On voit même souvent l'orgueil et le caprice,
L'hypocrisie impure, et jusqu'à l'avarice,
D'une fausse vertu calculant les produits,
Semer quelques bienfaits pour en cueillir les fruits;
Donner pour envahir, et, par un vil manége
Usurper sans pudeur un renom sacrilége.
Mais il est, grâce au ciel, des esprits généreux,
Qui font le bien pour tous, qui ne font rien pour eux.
Brunswick, en secourant un peuple qui se noie,
De l'Oder en fureur est lui-même la proie.
Vous reviendrez peut-être à votre vieux propos :
Brunswick, issu des rois, et neveu d'un héros,
Sera mort, selon vous, dans la douce espérance
Qu'il allait des journaux exercer l'éloquence,
Et que, pour le chanter, dans les murs de Paris,
Exprès, chez les Quarante, on fonderait un prix.
Mais quoi ! le même espoir, à l'aspect d'un naufrage,
Au signal de détresse aperçu du rivage,
Pousse-t-il loin du port tant d'obscurs matelots,
Qui prodiguent leurs jours et vont braver les flots,
Quand la mer autour d'eux entr'ouvre mille abîmes?
Là, dans un incendie, aux clameurs des victimes,
Voyez les citoyens, l'un par l'autre animés,
S'élancer à l'envi sous des toits enflammés.
Qui peut leur inspirer ces élans respectables?
Rien, rien que le besoin de sauver leurs semblables.

Sur les sentimens purs et désintéressés
L'ame de Fénélon doit nous instruire assez.
Il faut, prétendait-il, aimer Dieu pour lui-même.
S'il n'expliquait pas bien son mystique système,
S'il fut par ses rivaux justement combattu,

C'était ainsi du moins qu'il aimait la vertu.
C'est ce qu'il voulait dire ; et c'est aussi peut-être
Ce que sentaient trop bien ses rivaux et son maître.
La vertu se suffit ; son exquise pudeur
Laisse à la vanité, qui s'appelle grandeur,
D'un éloge vénal les tributs emphatiques,
Et le bruit commandé des fanfares publiques.
Conquérans immortels par des calamités,
Vos monumens debout surchargent les cités ;
En vous payant l'impôt d'une terreur profonde,
Le monde a célébré les oppresseurs du monde.
Pourrait-il seulement nommer ses bienfaiteurs ?
Du soc et du semoir quels sont les inventeurs ?
Qui changea les déserts en campagnes fertiles ?
Quels mortels ont créé les premiers arts utiles ?
Quels des arts découverts ont transmis les leçons ?
Et quel divin génie analysant les sons,
Figurant à nos yeux les signes du langage,
De tous les arts futurs nous conquit l'héritage ?
Sur aucun monument leur nom n'est établi ;
Comme on brigue l'éclat, ils ont brigué l'oubli !
Et, par un vol sublime échappant à l'histoire,
Les plus hautes vertus sont des vertus sans gloire.

De la vie ordinaire examinons le cours :
L'honnête homme paisible aime à cacher ses jours ;
Et de bruyans jongleurs auront la complaisance
D'envoyer aux journaux leurs traits de bienfaisance.
Rapin vécut trente ans, chétif et demi-nu,
Et des faquins obscurs fut le plus inconnu.
Il obtient par la brigue un rang considérable ;
Vingt millions volés l'ont rendu respectable.

Rapin vient de mourir, des fripons regretté :
Ceux qui volaient sous lui vantaient sa probité.
Voyez, voyez encor jusqu'à l'asile sombre
Tout ce troupeau servile accompagner son ombre.
C'est peu : l'airain guerrier pour lui va retentir ;
Pour lui dans cette chaire un prêtre va mentir ;
Le mensonge est gravé sur la pierre funèbre,
Et du nom d'un pied-plat va faire un nom célèbre.
Et ce sage, à l'étude, aux pauvres consacré,
Qui, portant le savoir sous leur toit ignoré,
Allait guérir leurs maux, consoler leur vieillesse ;
Celui qui de leurs fils instruisait la jeunesse ;
Ce riche, satisfait d'un modeste séjour,
Mais que l'agriculture occupait chaque jour,
Qui payait le travail, secourait l'indigence,
Et, pour prix d'un bienfait, demandait le silence,
Le Sylva, le Rollin, le Sully du hameau,
Sont là, sans épitaphe, en un même tombeau.
Si l'éclat d'un vain nom fut l'objet de leur crainte,
D'un pur amour du bien reconnaissez l'empreinte,
Respectez-en la source ; et ne prétendez plus
Que jamais l'égoïsme ait fondé les vertus.

Oh ! qu'il connaît bien mieux leur véritable base,
Ce bon, ce vieux Chrémès, éloquent sans emphase,
Qui dit à Ménédème, ardent à s'affliger :
« Homme, chez les humains rien ne m'est étranger. »
A ce vers de Térence on a vu Rome antique
Répondre avec transport par un cri sympathique,
C'est qu'elle y retrouvait un sentiment sacré,
Par l'humanité même à Térence inspiré :
Chrémès offrait de l'homme une honorable image ;

On s'en déclarait digne en lui rendant hommage.
S'il eût dit : « Je suis homme, et ne songe qu'à moi, »
Rome n'eût répondu que par un cri d'effroi,
Et, du vers inhumain punissant le scandale,
Un sifflet vertueux eût vengé la morale.
L'intérêt personnel attire tout à lui ;
La sympathie aspire à vivre dans autrui !
Si dans tous les mortels l'un voit des adversaires,
L'autre y voit des amis, des alliés, des frères :
L'un les fait détester ; l'autre les fait chérir,
Et pour eux, avec eux, nous enseigne à souffrir.
Par quel abus de mots, dans votre vain système,
Nommez-vous intérêt l'abandon de soi-même ?
Faut-il, en poursuivant d'utiles vérités,
S'égarer à plaisir en des subtilités ?
L'esprit dans cet abîme en vain cherche une route,
Et, malgré son flambeau, la raison n'y voit goutte.
Autant vaut rajeunir les rêves de Platon,
Ou devers Alcala, sur un plus aigre ton,
Se mettre en ergotant l'esprit à la torture,
Pour accorder Thomas, Scot ou Bonaventure.

Philosophes français, nés dans l'âge éclairé
Que les fils de Tartufe ont en vain dénigré,
Cultivant chaque jour l'intelligence humaine,
Vous avez fait valoir, et grossi son domaine.
Si le profond René, qui fut trop créateur,
Du doute méthodique heureux législateur,
Mais infidèle aux lois par lui-même fixées,
De nos sensations sépara nos pensées ;
Si cet autre rêveur qui voyait tout en Dieu,
Ne se fit pas comprendre, et se comprit fort peu ;

Si, dans la Germanie, un charlatan gothique,
Ose, en illuminé, prêcher sa scolastique ;
Les chemins qu'entrevit Bacon le précurseur,
Et dont Locke en tremblant sonda la profondeur,
Offrant à vos efforts un terrain plus docile,
Désormais, grâce à vous, sont d'un accès facile :
Guidés par la nature, et cherchant pas à pas,
Vous étudiez l'homme, et ne l'inventez pas ;
Des effets démontrés vous remontez aux causes :
Mais pesez bien les mots, car les mots font les choses.

LA RETRAITE.

[1809]

Un roi, je dirai plus, un sage,
Écrit que tout est vanité,
Tout, y compris la majesté,
Même l'amour, et c'est dommage.
Nombre de gens ont souhaité
D'éterniser dans la mémoire
Un nom d'âge en âge escorté
Par les fanfares de la gloire.
Ce rêve est sans doute fort beau ;
Mais, lorsque de nos jours plus sombres
Pâlit et s'éteint le flambeau,
Le bruit qu'on fait sur un tombeau
Ne va point réjouir les ombres.

Heureux qui, du monde oublié,
Cultive sans inquiétude
Et les beaux-arts et l'amitié !
Heureux qui dans la solitude,
De la vérité seule épris,
Cherche en des livres favoris
Le plaisir, et non plus l'étude !
Dans la jeunesse, où l'avenir

Nous découvre une mer immense,
L'homme entend la voix du zéphyr,
Et s'embarque avec l'espérance.
Mais bientôt l'imprudent nocher
Est froissé par un long orage;
Contre les pointes d'un rocher
Son vaisseau heurte et fait naufrage.
Lui-même il se sauve à la nage;
Il vient sécher ses vêtemens;
Les dieux reçoivent ses sermens
De ne plus quitter le rivage.
Vainement le zéphyr trompeur
Lui renouvelle ses caresses,
Il fuit la mer et ses promesses,
Les fleuves même lui font peur.
Il n'ira pas au sein des villes,
Portant des yeux désenchantés,
Abjurer ses plaisirs tranquilles
Pour de bruyantes voluptés.
Moins passionné, plus sensible,
Il ne veut que l'ombre et le frais,
Que le silence des forêts,
Que le bruit d'un ruisseau paisible.
Là, quand de ses derniers rayons
Le soleil a rougi les monts,
Sous les saules de la prairie
Il voit les dansès du hameau;
Les sons lointains du chalumeau
Bercent sa douce rêverie;
Et, comme l'onde du ruisseau,
Il regarde couler sa vie.

LE MINISTRE
ET
L'HOMME DE LETTRES.

[1788]

A.

Comment! c'est vous! Tant mieux. Soyez le bienvenu.
Au ministère, enfin, me voici parvenu,
Tout prêt à m'occuper du bonheur de la France.
Si je n'écoute point une vaine espérance,
Comme ils vont, me chargeant de lauriers immortels,
En vers alexandrins encenser mes autels!

B.

Il se peut qu'en effet...

A.

Mais, un beau jour, vous-même
Voulez-vous point sur moi rimer quelque poëme?
Me chanter, m'applaudir?

B.

Non. Soyez-en certain.

A.

Non?

B.

Qu'étiez-vous hier? Un ennuyeux Robin,
De ces gens toutefois qu'on aime avec tendresse...

A.

Ah!...

B.

Pour leur cuisinier, ou bien pour leur maîtresse.
Certes! vous aviez là deux meubles excellens,
Qui tiennent lieu d'esprit, de savoir, de talens
Gardez-les bien.

A.

   Tenez, je permets que l'on rie :
Mais trêve, en ce moment, à la plaisanterie.
Mille gens aujourd'hui, que j'aime et que je crois,
M'ont dit que dès longtemps on a les yeux sur moi :
Que partout dans le monde on vante mes lumières.

B.

Ces discours sont bien doux, ils vous semblent sincères.
Telle est l'humaine espèce, et jamais un flatteur
N'eut à nos yeux déçus les traits d'un imposteur.
Moi, qu'aucune raison n'engage à vous séduire,
De ce qu'on dit de vous je veux bien vous instruire.
Vos amis, je le crois, ont pu mieux vous juger;
Très-souvent le public est injuste et léger;
Marmontel s'en plaignit quand naguère au théâtre
Le sifflet se souvint encor de Cléopâtre.
Mais, enfin, ce public veut être respecté;
Il condamne, il absout, de pleine autorité;
C'est à lui qu'il faut plaire; et ce juge suprême
Peut seul casser l'arrêt qu'il a porté lui-même.
Vous ne sauriez pourtant l'accuser de rigueur;
Il vous peint jusqu'ici comme un homme d'honneur,
Sans esprit, mais bon homme, et c'est bien quelque
  chose;

Faible, et dont par malheur une Phryné dispose ;
Et, s'il faut librement vous parler jusqu'au bout,
Aucuns ont prétendu que vous lui deviez tout,
Qu'au fond de son boudoir, puissante protectrice,
Elle a de vos grandeurs élevé l'édifice.

A.

Fi donc ! fi ! Mais comment croyez-vous à cela ?
Comment prenez-vous garde à ces sottises-là ?
Autant vaut écouter, sur un point de musique,
Les discours de Suard ; et ce fin politique,
Qui tient le sort des rois en ses bourgeoises mains,
Rapatrie à son gré Bataves et Germains,
Ou, brouillant sans raison la France et l'Angleterre,
Tous les soirs au Caveau fait la paix ou la guerre.
Au poste où me voici, sans vouloir me flatter,
Le beau sexe tout seul ne m'a pas fait monter,
Et, dût-on me taxer d'un orgueil imbécile,
Peut-être un meilleur choix n'eût pas été facile.

B.

Ce n'est pas ce qu'on dit. Aurait-on si grand tort ?
Raisonnons un moment. Le voulez-vous ?

A.

         D'accord.

B.

On pourrait tout au moins vous taxer d'ignorance.
Pour être un bon ministre, il suffit donc en France
D'avoir une maîtresse et de puissans amis ?
Tandis qu'en vos bureaux, d'impertinens commis,
Suivant pour toutes lois une obscure routine,
Régiront de l'État l'importante machine,
Paris édifié chaque soir vous verra
Gouverner en sultan les chœurs de l'Opéra !

A.

Oui. L'Opéra! les chœurs! c'est dans mon ministère.

B.

Ne renferme-t-il pas plus d'un devoir austère?
L'Opéra, je le sais, peut compter sur vos soins :
Mais la prison du pauvre où siégent les besoins ;
Celle où veillent souvent l'innocence et le crime ;
L'hospice où chaque instant dévore sa victime ;
L'infirme à soulager, l'indigent à couvrir ;
Ces routes, ces canaux que vous devez ouvrir ;
Ces champs longtemps ingrats qu'il faut rendre fer-[tiles ;
Le commerce, les arts, charme et soutien des villes,
Tant d'objets importans exigent, m'a-t-on dit,
Du savoir, de l'étude, et même un peu d'esprit.

A.

Du savoir! de l'esprit! ô la tête insensée!
C'est très-bon quand on veut, professant au lycée,
Pour mille écus tournois harangueur éternel,
Endoctriner les murs et juger sans appel.
Mais Damon, dont je suis aujourd'hui le confrère,
Est doué d'un esprit au moins très-ordinaire ;
Son style n'est pas beau : tout cela n'y fait rien :
On peut fort mal écrire et gouverner fort bien.
Lisez moins, voyez mieux : laissez là vos chimères :
Le savoir est pédant, l'esprit nuit en affaires,
Et voilà, Dieu merci, le principe assuré
Dont le gouvernement s'est toujours pénétré.
Le sens commun suffit ; le reste est du grimoire.
Et comment! désormais si l'on veut vous en croire,
Depuis qu'il est vanté par tant d'honnêtes gens ,
Que les cafés, pour lui devenus indulgens,

Exaltent son esprit et sa rare éloquence,
Caron de Beaumarchais peut gouverner la France?

B.

Mais vraiment, comme un autre; et je vous suis garant
Qu'il vaudrait beaucoup mieux qu'un ministre igno-
Eh quoi ! ces favoris des nymphes de mémoire, [rant.
Qui de tous leurs momens rendent compte à la gloire,
Incapables des soins qui font l'homme d'État,
Pour de si grands travaux n'ont qu'un génie ingrat !
Français, il en est temps, de vos aïeux gothiques
Abjurez désormais les préjugés antiques ;
La science excitait leur stupide mépris :
Hélas ! il est encor bien des Goths dans Paris.
Aux lettres, aux beaux-arts la Seine doit son lustre :
Le génie est amant de cette nymphe illustre ;
Elle est souvent ingrate ; et, tandis qu'à Berlin,
D'un peuple généreux le digne souverain
Respecte les neuf Sœurs au noble et doux langage,
Et même avec succès leur offrit son hommage,
Trouvez-moi dans Paris un fermier-général
Qui reconnût Pindare ou Le Brun pour égal.
Devant le grand Corneille, aux jeux de notre scène,
La France a vu debout l'émule de Turenne.
Les palmes qui ceignaient ce front victorieux,
S'inclinaient à l'aspect du favori des dieux.
Un faquin, décoré du titre d'homme en place,
Eût d'un regard pesant nargué l'auteur d'Horace,
Ou, pour comble d'insulte, osant le protéger,
D'un salut gauche et plat daigné l'encourager.

A.

Un semblable discours a droit de me confondre.

Grand Dieu ! sur tous les points je voudrais vous ré-
Mais par où commencer ? [pondre,

B.

Savez-vous qu'Addison
Fut, quoique bel esprit, un ministre assez bon ?
Du moins en Angleterre, où l'on est difficile :
Et pourtant les Anglais font grand cas de son style.

A.

Addison fut ministre !

B.

Oui ; mais, ce qui vaut mieux,
Addison fit parler, en vers harmonieux,
Caton, là,.. vous savez... un citoyen de Rome...

A.

Qui fut ministre ?

B.

Non : mais qui fut un grand homme.
Observez cependant que, parmi ses héros,
Le Tibre en ce temps-là ne comptait point de sots.
Ce Caton fit honneur aux leçons du Portique,
L'éloquent Cicéron sauva sa république ;
Des Romains asservis le brillant dictateur,
César, vous l'ignorez, fut poète, orateur ;
Et même, en temps de paix, le vainqueur de Numance,
Scipion composa plus d'un vers de Térence.

A.

Scipion !

B.

C'est un fait, autant que je puis voir,
Qui ne vous paraît pas facile à concevoir.

A.

Les fous ! quel temps perdu ! Quant à moi, je suis sage,
Et veux de mes loisirs faire un plus digne usage.

Mais je protégerai les faiseurs d'opéras,
Les journaux éloquens, et les bons almanachs.
Alors qu'on est ministre, il faut que l'on protége ;
De nous autres puissans tel est le privilége ;
Et, pour vous étonner, je m'engage aujourd'hui,
Malgré tous vos défauts, à vous protéger... oui,
Fût-ce en dépit de vous.

B.
Ce trait-là m'épouvante.
A.

Je prétends qu'on nous voie un soir chez les Quarante,
Au fauteuil immortel côte à côte installés,
D'un légitime éloge amplement régalés.
Lemière est directeur, et sa douce éloquence
Nous fera poliment les honneurs de la France.
A Colbert, à Sully, je serai préféré,
A quelque bon auteur vous serez comparé,
Et la postérité, personne qui sait vivre,
Signe tous les brevets qu'un directeur délivre.

LA RAISON.

Amis du vrai, faisons notre devoir;
De la raison briguons les purs suffrages :
Ni les journaux, ni les gens à pouvoir
Ne classeront les faits et les ouvrages.
Journaux d'hier aujourd'hui sont passés;
Arrêts du jour demain seront cassés ;
Le juge intègre est la raison publique :
C'est le bon sens, la raison qui fait tout,
Vertu, génie, esprit, talent, et goût.
Qu'est-ce vertu ? raison mise en pratique.
Talent ? raison produite avec éclat :
Esprit ? raison qui finement s'exprime ;
Le goût n'est rien qu'un bon sens délicat,
Et le génie est la raison sublime.

Aux murs d'Athène, à Rome, et parmi nous,
Qui fut l'appui de ces grands personnages,
Justes héros, et véritables sages,
Persécutés par un destin jaloux ?
Contre l'exil, qui soutint Aristide ?
Contre la mort, Socrate et Phocion ?
Qui pénétra d'une ardeur intrépide
Et Régulus et le divin Caton ?
Aux chants d'Homère, aux écrits de Platon,

Qui prodigua la grâce et la lumière ;
Rendit parfaits Virgile et Cicéron ;
Ouvrit le ciel aux regards de Newton ;
Le cœur humain à Racine, à Molière ?
Je le répète, une exquise raison.

Aussi je crois au paradoxe antique
Qu'ont enseigné les sages du Portique :
Fous et pervers sont nés proches parens.
Ils sont nombreux. Partout le mauvais sens
Guide à la fois et le folliculaire,
Du vrai talent censeur atrabilaire ;
Et le tartufe, et l'indigent fripon
Qui va ramer sur les mers de Toulon ;
Et le traitant qui, sous le nom de prince,
En un repas affame une province ;
Et le soldat qui trahit son devoir,
Ose insulter à la loi souveraine,
Et, s'emparant d'un injuste pouvoir,
N'obtient des droits qu'à la publique haine.

Boileau dit vrai ; ce fameux conquérant
Qui de la Grèce et des forêts d'Épire,
Aux bords du Gange étendit son empire,
C'est comme fou qu'on peut l'appeler grand.
Eh quoi ! du lit d'Olympia sa mère,
Le roi des dieux avait eu la moitié !
Il était né d'un céleste adultère !
Crime divin l'avait déifié !
On l'imita ; chaque empereur de Rome
Devint un dieu, ne pouvant être un homme ;
A ces voleurs de la terre et du ciel

La servitude érigea maint autel ;
On les chôma, car ils étaient les maîtres :
Un dieu payant peut compter sur des prêtres ;
Et les fléaux du pâle genre humain
Furent maudits, l'encensoir à la main.
Pesez les faits, lecteur qui savez lire,
Et vous direz : Voilà du vrai délire.
Tous étaient fous ; même ce grand César
Qui réunit l'encensoir et l'épée,
Du nom d'heureux déposséda Pompée,
Et le premier traîna Rome à son char.
Je vois sa gloire en désastres féconde ;
Indiquez-moi le bien qu'il fit au monde !
Caton mourant lui légua des vertus,
Brutus un fer, Cicéron du génie :
Mais le tyran qui tomba sous Brutus,
Qu'a-t-il laissé ? rien que la tyrannie.
Craint de l'Europe, et par elle encensé,
Ce Dieu-donné qui régna quinze lustres,
Ce grand Louis, doyen des rois illustres,
En fut-il moins un illustre insensé ?
Sans vouloir même interroger l'histoire,
Sur un bonheur paré du nom de gloire ;
Sans demander s'il fut vraiment l'appui
De vingt talens, délices de la France,
Nés avant lui, grands en dépit de lui ;
Si Bossuet lui dut son éloquence ;
De Fénélon s'il polit l'élégance ;
Sans rappeler La Fontaine en oubli,
Arnauld fuyant, et Corneille vieilli
Sur des lauriers mourant dans l'indigence,
Il mit les arts au rang de ses flatteurs,

Il fit des arts de brillans serviteurs ;
Il fut chanté : mais le nouvel Auguste
Fut-il humain ? fut-il bon ? fut-il juste ?

Autour de lui la lyre, les pinceaux,
Rendaient hommage à ce roi de théâtre,
Idolâtré, de lui-même idolâtre ;
Il a dansé sous de rians berceaux,
Pour Montespan, La Vallière, Fontange.
Tout était bien, si le sultan français
N'eût aspiré qu'à de galans succès :
Mais au Texel, mais au Château Saint-Ange,
De son sérail il imposait des lois ;
Il attaquait la liberté batave ;
Du peuple anglais il menaçait les droits :
Il eût voulu rendre la terre esclave.
Lorsqu'affaissé sous le poids d'un grand nom,
Entre un jésuite et sa vieille maîtresse,
Amant blasé de la veuve Scarron,
Il se traînait du boudoir à confesse,
Feux, allumés par son ordre inhumain,
Étincelaient dans les cités germaines ;
Dragons dévots prêchaient dans les Cévennes
De par le roi, le cimeterre en main ;
Les carrousels, les monumens, les fêtes,
Et les revers, et même les conquêtes,
Appauvrissaient un peuple désolé,
D'Enfans de France et d'impôts accablé !
En gémissant ce peuple était docile ;
Mais quand il vit son monarque enterré,
Pourquoi rit-il ? La réponse est facile :
Sous le grand homme il avait trop pleuré.

DISCOURS.

L'Anglais Cromwell, tartufe heureux et brave,
Et l'Anglais Monk, ambitieux esclave,
Fous déguisés sous des masques divers,
A d'autres fous ont su donner des fers.
Bref, usurper ou vendre la puissance,
Courber le front sous d'insolentes lois,
C'est, n'en déplaise aux Anglais d'autrefois,
Ou despotique ou servile démence.
Qui que tu sois, ami de la raison,
Aperçois-tu Sottise qui s'élève,
Marchands d'erreurs débitant leur poison,
Lois sans égide, or allié du glaive,
Noirs espions de richesses gorgés,
Chargés d'honneurs, de honte surchargés;
Art de ramper, devenant habitude;
Gens à placet, briguant la servitude;
Gens à pouvoir commandant à genoux:
Tyrans valets, sous le tyran suprême:
Dis hardiment: Tous ces gens-là sont fous;
Et le plus fou, c'est le tyran lui-même.

Tartufe arrive, et, d'un ton nasillard,
Me dit: « Mon fils, craignez les anathèmes:
Concile aucun n'approuva ces systèmes;
Chiens de saint Roch et chiens de saint Médard
Vont aboyer: c'est peut-être un peu tard;
Mais du vieux temps nous aimons les usages;
Et notre siècle est dégoûté des sages.
Gille-Esménard fait contre ces pervers
Un long poëme, et dit qu'il est en vers;
D'esprits divins une épaisse couvée,
Geoffroi, Nisas, et le docte Fiévée.

Chateaubriand, sauvage par accès,
Toujours chrétien, mais pas toujours Français,
Dans les élans de leur pieux délire,
Fouettent Rousseau, Voltaire, Montesquieu,
Méchans auteurs que l'on s'obstine à lire,
Que Dieu punit d'avoir adoré Dieu. »

Et selon vous notre cause est perdue !
Des vils Geoffrois qu'importe la cohue ?
Que parlez-vous de cinq ou six grimauds,
Plats barbouilleurs de cinq ou six journaux ?
Dans le néant où leurs feuilles descendent,
Fréron, Zoïle et Cotin les attendent ;
Chateaubriand, pour avoir un peu nui,
S'est trop souvent réfuté par l'ennui ;
Gille-Esménard, corsaire du Parnasse,
A disparu, submergé dans la glace ;
Et le sifflet, courant après Nisas,
Trouve un écho jusque dans l'ézenas.
Ils ont vieilli les contes de grand'méres :
Si le présent paraît les rajeunir,
Faibles succès ! triomphes éphémères !
Loin du présent, savourons l'avenir ;
Car c'est demain que l'avenir commence,
Et le présent n'est jamais qu'aujourd'hui :
Sur le présent ne fondez point d'appui ;
Il est étroit : l'avenir est immense.

Homère a peint les coursiers d'Apollon ;
En quatre pas ils traversaient la terre :
Dans le grand siècle, élève de Voltaire,
Ainsi marcha la publique raison.

Les esprits lourds sont restés sur la route :
Des vrais talens elle a guidé les pas.
Par son courage, après de longs combats,
Les préjugés furent mis en déroute.
Ils ont péri ; mais elle a survécu.
La vaincra-t-on quand elle a tout vaincu ?
Elle est aux bords où serpente la Seine,
Où la Néva roule sous des glaçons,
Où dans l'Euxin mugit le Borysthène,
Où le Tésin rit dans l'or des moissons.
Elle est aux bords où l'altière Tamise
S'enorgueillit de Locke et de Newton ;
A ses décrets l'Amérique soumise
A vu les lois régner sur Washington.
C'est son regard qui fait rougir l'esclave ;
C'est à sa voix que le tyran pâlit :
Elle est partout où l'homme pense et lit.
Pour l'esprit saint, prise un jour au conclave,
Elle y créa certaine sainteté :
Lambertini lui dut la papauté.

Taisez-vous donc, friponneaux moralistes,
Petits valets, forgeant petits écrits,
Calomniant, prêchant à juste prix,
Petits rimeurs et petits journalistes,
Fermant les yeux, et criant : Il fait nuit.
Vous vous trompez ; le jour encor nous luit.
Oui, la lumière est au centre du monde.
Ce pur soleil, des Guèbres adoré,
Tournant sur lui, de globes entouré,
Les remplit tous de sa chaleur féconde.
Quelque planète, en parcourant les cieux,

Peut un moment l'obscurcir à nos yeux ;
Mais, à des lois constamment asservie,
D'un pas égal elle poursuit son cours:
Et, plus serein, l'astre qui fait les jours
Répand à flots la lumière et la vie.

DISCOURS

SUR LES ENTRAVES

Données à la Littérature.

Des lettres qui jadis ont fait notre grandeur
Vous voulez, dites-vous, ranimer la splendeur.
Le projet est fort beau ; sans elle point de gloire.
Des ignorans cruels ont flétri la victoire :
Sésostris, Alexandre, au brelan des combats,
N'étaient pas plus heureux que Gengis et Thamas ;
L'imbécile Alaric subjugua par l'épée
L'empire qu'usurpa le vainqueur de Pompée ;
Miltiade implorait l'égide de Pallas :
Suwarow, plus chrétien, suivait saint Nicolas ;
Et, depuis trois mille ans aux héros condamnée,
La terre n'a pû voir une innocente année
Où du sanglant récit de ses faits éclatans
Un héros n'ait souillé les gazettes du temps.
Chaque peuple à son tour eut le glaive et l'empire ;
Mais dans l'art de penser, de parler et d'écrire,
Des nations d'élite, et des siècles heureux,
En cet espace étroit des talens peu nombreux,
Flambeaux jetés au loin dans une nuit profonde,
Ont semé la lumière et consolé le monde.

Nous conservons du moins leur brillant souvenir :
Ils ont fait le présent ; ils feront l'avenir.
De la postérité conquérans pacifiques,
Ces écrivains, ces temps, ces nations classiques,
Ont dicté les leçons qu'il nous faut écouter,
Ont montré les écueils qu'il nous faut redouter,
Et les moyens d'ouvrir des routes aperçues,
Et l'art de se frayer des routes inconnues.
On néglige cet art : vous en êtes surpris !
Ce n'est pas en rampant qu'on peut gagner le prix.
Ne dites point : courez, en fermant la barrière ;
Le talent ne sait pas rétrécir sa carrière :
Vous n'en ferez jamais qu'un esclave indompté ;
Sa force est la Raison ; son cri la Liberté.

Certes, du Bien-aimé quelque ministre habile
De nos malins aïeux aurait ému la bile,
S'il eût dit : « Écoutez, Mécène par état,
»Des lettres, des beaux-arts je soutiendrai l'éclat ;
»Mais je crains la raison qui devient trop hardie :
»On pense : c'est terrible, et l'Encyclopédie
»A corrompu Chaillot, Gonesse et Saint-Germain.
»Du lait des préjugés sevrant le genre humain,
»Voltaire en esprit fort a changé Melpomène :
»De Mahomet, d'Alzire, il faut purger la scène ;
»Fermons-lui le théâtre ouvert à Pellegrin.
»Gloire à Simon-le-Franc ! Si Voltaire est chagrin,
»Il lui sera loisible, afin de se distraire,
»D'aider Martin Fréron dans l'Ane littéraire.
»D'un certain Montesquieu l'on parle quelquefois :
»Défense expresse à lui d'écrire sur les lois ;
»Mais ledit Montesquieu, d'une plume discrète,

»Pourra, sous trois commis, rédiger la gazette.
»Jean-Jacque est un peu fou : mais, comme il écrit bien,
»Il faudra l'enrôler pour le journal chrétien.
»Que Buffon, désormais, en prose poétique,
»D'après les livres saints démontre la physique.
»D'Alembert sait l'algèbre, il fera des chansons ;
»Fréret des mandemens, Diderot des sermons.»

Les bons journaux du temps auraient vanté peut-être
Le discours du valet parlant au nom du maître;
Mais accueilli bientôt par vingt joyeux pamphlets,
Il eût fait, dans Paris, renchérir les sifflets.

«Oh! répond *Clistorel*, ministre apothicaire,
»Tant de littérature est fort peu nécessaire,
»Personne n'écrit bien quand tout le monde écrit ;
»On baisse; et, je le sens, nous n'avons plus d'esprit.»
L'ami, pas d'injustice. En la cité gothique,
Dans un humble réduit qu'aucuns nommaient boutique,
Impunément bavard, tu pourrais délayer,
Ressasser, compiler, commenter Lavoisier:
On ne t'écoutait pas, mais on te laissait dire.
Sais-tu bien, Clistorel, qu'il est un art d'écrire?
Sais-tu choisir, placer les mots les plus heureux ;
Par de nouveaux rapports les combiner entre eux;
Allier à ces mots, colorés par l'image,
Les sons harmonieux, musique du langage ;
Peindre nos passions, et noter leurs accens
En des vers où toujours la rime ajoute au sens,
Où la simplicité n'exclut pas la noblesse,
Où la précision s'unit à la justesse,
Pleins sans être tendus, nerveux avec douceur,

Que le cœur a dictés et qui vont droit au cœur ?
Non ; c'est là, Clistorel, que ta science échoue.
Si l'or en ton creuset se mêle avec la boue,
Tu les connais tous deux ; tu vas nous démontrer
Qu'en pouvant les unir tu peux les séparer.
Mais le talent échappe à la vaine analyse :
Tu ne peux de l'esprit distinguer la sottise.
Va, malgré les valets, malgré les charlatans,
Le creuset immortel est dans les mains du Temps.
Exerce ton métier : sois utile et modeste ;
D'un peu de gros bon sens conserve quelque reste.
D'un pas tardif et lourd, hâté par l'aiguillon,
Le bœuf en mugissant fertilise un sillon ;
Mais donne-t-il le prix aux coursiers de l'Élide ?
Du chant des rossignols est-ce lui qui décide ?
Va-t-il cueillir ces fleurs dont les filles du ciel
Choisissent les parfums pour composer leur miel ?

Eh bien ! voilà pourtant nos juges, nos arbitres !
Pleins de prétentions qu'ils appellent des titres,
Des talens qu'ils n'ont pas ils sont les détracteurs,
Et, pour être aperçus, se font persécuteurs.
Ces noirs Laubardemonts de la littérature
Déchaînent contre nous les marchands d'imposture,
Les bâtards de Fréron, les bâtards de Colin.
Aussitôt grand fracas. « Le délit est certain, »
Vont-ils s'écrier tous ; « pesez bien ces passages,
» En ajoutant deux mots, en supprimant trois pages.
» C'est lui. C'est encor lui. Quelle audace ! quel ton !
» Il ne croit pas en Dieu ; pas même au feuilleton.
» Dans ce qu'il ne dit pas, on voit ce qu'il veut dire.
» Excepté nos journaux, il faut tout interdire. »

Eh! mes très-chers amis, pour défendre nos droits,
Laissez-moi vous citer des prêtres et des rois ;
Je dis ceux du bon temps : le siècle dix-huitième
Pervertissait les cours, et le Vatican même.
De certains esprits forts Frédéric entiché
Régnait en philosophe, et c'est un grand péché ;
Benoît sur Frédéric a bien quelque avantage
Mais il eut trop souvent les préjugés d'un sage ;
Richelieu vous convient, et ce roi-cardinal
N'eut aucun préjugé qui ne fût point royal.
Zoïle tout-puissant de l'aîné des Corneilles,
Richelieu toutefois n'a point proscrit ses veilles ;
Contre lui seulement il armait Chapelain,
Ou l'instruisait d'exemple, aidé de Saint-Sorlin.
Louis, qui sut orner le pouvoir despotique,
Laissait de Port-Royal le pieux satirique
Des compagnons Jésus instruisant le procès
Fixer à leurs dépens le langage français.
Molière sur la scène, et Bourdaloue en chaire,
En toute liberté s'adressaient au parterre...
Si l'un prêchait gaîment contre les faux dévots,
L'autre prêchait pour eux, et contre les bons mots.
Et, sans troubler l'État, la jeunesse étourdie
Allait rire au sermon comme à la comédie.

«Halte là, s'il vous plaît ! Voilà de grands talens,
»Que nous vantons beaucoup, qui ne sont point vi-
    vans :
»Il faut bien distinguer : ceux-là peuvent tout dire.»

Vous accordez aux morts la liberté d'écrire !
C'est agir prudemment ; et l'on peut, sans abus,

Rendre quelque justice à ceux qui ne sont plus.
Mais des auteurs fameux si la tombe est l'asile,
De leur temps, mes amis, votre haine imbécile
Pour le moindre grimaud les eût diffamés tous :
Esménard de Corneille aurait été jaloux ;
Vous auriez en chorus hurlé contre Molière ;
On eût vu Carion, soupant avec Linière,
Porter en s'inclinant la santé de Pradon,
Et Geoffroi, dans Trévoux brochant son feuilleton,
En de fréquens accès de stupide folie,
Régenter Despréaux et l'auteur d'Athalie.

Jouissez du présent, puisqu'il est votre bien ;
Mais l'avenir approche, et vous n'y perdrez rien.
Et vous, que la Raison retient sous son empire,
Malgré l'air infecté qu'avec peine on respire,
Que faire? Elle se tait quand les fous sont puissans.
Écoutez Pythagore ; il avait un grand sens :
«Adorez, disait-il, l'écho dans la tempête.»
Le moment est venu. Déjà levant la tête,
Par la foule des sots le Mensonge honoré,
Promène insolemment un étendard sacré :
Déjà l'antique Erreur, cette hydre renaissante,
Plus absurde toujours, toujours plus menaçante,
De son trône orgueilleux insulte par des cris
La conscience humaine, et les talens proscrits.
Pensez-vous librement? fuyez la servitude ;
Cherchez des bois muets la libre solitude :
Là, sans prostituer l'hommage adulateur,
Sans offrir aux puissans ce nectar enchanteur
Qui, distillé pour eux des mains de la bassesse,
Sans les désaltérer, les enivre sans cesse,

De la vérité seule espérant quelque appui,
Les yeux sur l'avenir, écrivez devant lui.
Le mensonge expira sa victoire funeste ;
Il est craint, mais il passe ; et la vérité reste.

COMMENCEMENT

D'UN

POËME SUR LA NATURE.

DE L'HOMME ET DES CHOSES.

Quand de la liberté le bienfaisant génie
Ranime par degrés la France rajeunie,
Et, couronnant de fleurs nos sacrés étendards,
Sur l'aile de la paix ramène les beaux-arts,
J'abandonne un moment la Melpomène antique,
Et je chante aujourd'hui sur le ton didactique,
L'homme inculte et sauvage, isolé dans les bois,
L'homme civilisé, cherchant l'appui des lois.

Ignorant, mais sensible en commençant la vie,
L'homme enfin s'est connu par la philosophie :
Elle a décrédité les pieuses erreurs ;
Sur les besoins de tous elle a fondé les mœurs ;
Elle a créé des lois le joug utile et sage ;
Des sciences, des arts, elle a réglé l'usage ;
Et son heureux empire, affermi sans retour,
Malgré les imposteurs, s'étendra chaque jour.
Fille de la Nature, ô vierge tutélaire,

Raison, que ton flambeau me dirige et m'éclaire ;
Et si, dès mon enfance amoureux de tes lois,
Je me laissai conduire aux accens de ta voix,
Fais passer dans mes mains la lyre enchanteresse
Que ton disciple Pope hérita de Lucrèce ;
Et qui, du grand Voltaire animant les travaux,
Lui dut des sons plus doux et des accords nouveaux :
Viens, chante, inspire-moi ; seconde mon courage ;
Sois libre : des tyrans je ne crains point la rage.
Trop de chantres fameux, abusant l'univers,
De leur but véritable ont détourné les vers :
L'aveugle des Anglais qui, dans sa docte ivresse,
A souvent égalé l'aveugle de la Grèce,
Milton sut rajeunir, en ses chants admirés,
De l'antique Israël les mystères sacrés ;
Milton d'un pur éclat en orna la peinture ;
Il puisa ses couleurs au sein de la nature ;
Son nom, perçant la nuit de l'immense avenir,
Vivra chez les humains dans un long souvenir :
Mais je veux, dédaignant tout fabuleux langage,
Par un autre océan tendre au même rivage.

Principe des vertus, mère des grands exploits,
Puissante Liberté, viens animer ma voix ;
Tes autels sont détruits dans la Grèce et dans Rome.
Premier bienfait des cieux, premier besoin de l'hom-
Guide du citoyen, du chantre et du guerrier, [me,
Viens, le front couronné de chêne et de laurier.
Comme on te vit jadis dans les beaux jours d'Athène,
Viens enfin, sur les bords arrosés par la Seine,
De ta main triomphante ouvrir en nos remparts
Le temple de la Paix et le temple des Arts.

7

Il existe sans doute une cause éternelle ;
Tout fut créé, tout vit, tout se soutient par elle ;
Tout change, et rien ne meurt au sein de l'univers.
Mais de voiles sacrés nos yeux longtemps couverts
Idolâtrent encor de frivoles mystères,
D'une trop longue enfance hochets héréditaires.
Ces milliers de soleils aux fécondes clartés,
Dans l'abîme des cieux pompeusement jetés,
Des mondes infinis l'opulente structure,
Tout proclame un seul Dieu, l'âme de la nature ;
Mais des dieux qu'il a faits l'homme a peuplé le ciel.
On nous oppose en vain l'instinct universel,
Les peuples policés, les peuplades sauvages,
Créant, multipliant, adorant des images,
De victimes, d'encens les dieux environnés,
Et devant leurs autels les siècles prosternés ;
Ce long assentiment pourra-t-il nous confondre ?
Épicure et Lucrèce osèrent y répondre :
Le monde entier parlait ; mais leur génie altier
Prétendit réfuter la voix du monde entier.
Leur flambeau me conduit ; leur audace m'anime.
Et que prouve en effet ce concours unanime ?
Par les premiers humains le mensonge inventé
S'accrut en vieillissant, tous les jours répété.
La crainte fit les dieux ; l'intérêt fit les prêtres.
Nos pères effrayés en ont cru leurs ancêtres
Qui, des mêmes frayeurs se laissant dominer,
S'étaient pressés de croire, au lieu d'examiner.
Vous craignez ; vous croyez ; et vos enfans timides,
Suçant avec le lait des préjugés stupides,
Vont peut-être inspirer cette antique terreur
A des enfans, comme eux héritiers de l'erreur.

SUR LA NATURE.

Avec notre univers le mensonge commence.
Jusqu'au premier anneau de cette chaine immense,
Je saurai, du vulgaire affrontant le courroux,
D'un vol précipité remonter avec vous,
Jusqu'au dernier anneau pas à pas redescendre,
Des siècles, des cités interroger la cendre,
Et d'un ton simple et vrai chantant la vérité,
Verser dans tous mes vers sa sainte austérité.

De l'univers Dieu seul est la cause première ;
Son souffle créateur fit jaillit la lumière,
Alluma ce soleil qui semble roi des cieux,
Et peupla de la nuit les champs silencieux.
Aux élémens rivaux il assigna leur place.
Immobile et planant au centre de l'espace,
Le feu générateur circule dans les airs,
Rend la terre fertile, et vit au sein des mers.
C'était encor trop peu, la nature féconde
Créa le mouvement, seul organe du monde ;
Divisa les saisons, et les mois, et les jours,
Des globes lumineux détermina le cours,
Et d'un tropique à l'autre, en sa route ordonnée,
Fit monter tour à tour et descendre l'année.
Le doux printemps, paré de ses jeunes couleurs,
En promettant des fruits, se couronna de fleurs ;
L'été de ses moissons prodigua les richesses ;
L'automne du printemps acquitta les promesses ;
Et l'hiver conserva, sous d'utiles glaçons,
Le germe heureux des fleurs, des fruits et des moissons.

C'était pendant les jours où tout se renouvelle,
Quand le ciel est plus pur, quand la terre est plus belle,

Quand tous les animaux paissaient au fond des bois,
Sous l'œil de la nature, et soumis à ses lois,
Que l'homme, son chef-d'œuvre, objet de leur envie,
Vint s'asseoir auprès d'eux au banquet de la vie.
Sa mère, de bienfaits ardente à le combler,
S'enorgueillit des dons qu'elle a su rassembler :
L'homme unit dans son port la grâce et la noblesse,
Dans ses membres nerveux la force et la souplesse;
La flamme du génie étincelle en ses traits ;
Il s'avance ; et tandis qu'au sein de leurs forêts
Ses sujets vagabonds sont courbés vers la terre,
L'homme seul, déployant un plus grand caractère,
Lève vers le soleil son front audacieux,
Et d'un regard sublime interroge les cieux.
De lui-même étonné, lentement il admire
Le monde son séjour, et son futur empire ;
Promenant avec joie un regard incertain,
Il sourit à la terre, aux rayons du matin ;
Tout surprend, tout ravit, tout captive sa vue ;
Et les bois, et les monts élancés dans la nue,
Et l'horizon des cieux, et l'horizon des mers,
Et le mobile émail dont les prés sont couverts.
Des nations de l'air il entend le ramage,
Le fracas des torrens, le doux bruit du feuillage,
Le murmure plus doux des ruisseaux argentés,
Par le vent des forêts mollement agités.
L'instinct des voluptés conduit sa marche errante,
Il respire à longs traits, dans la plaine odorante,
Les esprits parfumés de ces naissantes fleurs
Dont son œil attentif admirait les couleurs.
Ses sens épanouis fécondent sa pensée,
Et déjà vers les fleurs sa main s'est élancée :

Déjà la faim, la soif éveillent ses désirs;
Tous ses besoins nouveaux sont de nouveaux plaisirs :
Sa bouche, au sein des fleurs, savoure les délices
D'un miel pur déposé sur leurs brillans calices;
Goûte ces végétaux, les premiers alimens,
D'une terre encor vierge utiles ornemens;
Boit l'humide cristal qu'épanche une fontaine
Qui, tombant des rochers, désaltère la plaine.
Cependant il soupire, et, déjà tourmenté,
Parcourt avec dégoût ce rivage enchanté.
Tout est beau devant lui, mais tout est solitude;
L'univers, pour calmer sa vague inquiétude,
Étale vainement cent prodiges divers;
Un être manque à l'homme, et manque à l'univers.
. . . .
. . . .

POËME
SUR
L'ASSEMBLÉE
DES NOTABLES.

[1787 *]

Quand des républicains étaient maîtres du monde,
Quand le Tibre, orgueilleux de leur porter son onde,
Admirait sur ses bords un peuple de héros;
Si, troublant tout à coup leur auguste repos,
Si Rome, objet sacré de respect, de tendresse,
Daignait sur ses besoins consulter leur sagesse,
Elle voyait bientôt dans les murs du sénat
Courir les Scipions, ces appuis de l'État;
Métellus, ombragé des palmes numidiques;
Caton, ce demi-dieu, le premier des stoïques;
L'éloquent Cicéron, redoutable aux pervers;
Le grand, l'heureux Pompée, ignorant les revers,
Fier encor de ce jour où la terre étonnée
Contemplait son triomphe, à sa suite enchaînée;
Et César, méditant ses immenses destins;
Et Brutus, héritier du vengeur des Romains.

* L'auteur avait vingt-trois ans.

Divisés d'intérêts, de soins, de politique,
Unis dans ces momens pour la cause publique.

Peuple envié du monde, et protégé des cieux,
Un spectacle aussi grand se présente à vos yeux
Osez en concevoir la plus digne espérance.
O Français! il s'agit du bonheur de la France :
Voyez se rassembler ses enfans, ses soutiens:
Roi, pontifes, guerriers, magistrats, citoyens,
Zélés pour le bien seul, sans orgueil et sans crainte,
Attestant la justice et la vérité sainte,
Jurant de réparer les fautes de vingt rois,
D'abolir tous les maux consacrés par des lois.
La France au milieu d'eux se plaît à les entendre,
Et fixant sur eux tous un regard noble et tendre.

«Citoyens! qu'aujourd'hui rien ne soit oublié;
»Ajoutez, leur dit-elle, et tranchez sans pitié.
»Qu'en vos heureuses mains l'État se renouvelle :
»Hâtez-vous d'affermir sa force qui chancelle.
»Cette masse imposante, et dont l'œil est surpris,
»N'étalerait bientôt que de honteux débris.
»Édifice du temps, c'est le temps qui l'outrage.
»Plus d'un cruel abus s'appelle encore usage.
»Les momens sont venus, joignez tous vos efforts
»J'ai vu les protestans bannis loin de mes bords,
»De cités en cités cherchant une patrie,
»Y porter des trésors, enfans de l'industrie.
»Les arts et le travail accompagnaient leurs pas;
»Errans, désespérés, ils me tendaient les bras.
»Durant un siècle entier j'ai pleuré leur absence;
»Roi, sèche, il en est temps, les larmes de la France.

»Vengeur de l'Amérique, et protecteur des mers,
»Laisse adorer ton Dieu sous des cultes divers.
»L'État ne doit venger que la commune injure.
»Dieu veut-il un hommage imposteur ou parjure ?
»Sans prévenir, du moins, le jugement des cieux,
»Rends aux fils les climats qu'habitaient leurs aïeux.
»D'excellens citoyens fréquentaient peu nos temples ;
»Et sans aller bien loin le chercher des exemples,
»De ton prédécesseur Maurice * fut l'appui :
»On peut servir son roi sans penser comme lui.

»L'ignorance a longtemps peuplé les monastères.
»Humbles, pauvres d'abord, de saints célibataires.
»Sous le dais, tout à coup, cherchant des protecteurs,
»Honorés, agrandis, souvent usurpateurs,
»Stérilement dévots, traînaient dans le silence
»Des jours longs et pesans, filés par l'indolence.
»Enfin l'homme stupide, à l'oubli consacré,
»Eut contre le travail un refuge assuré ;
»De citoyens vivans ces tombeaux se remplirent ;
»A l'envi de l'epin vingt rois les enrichirent.
»Entends-tu maintenant, les sanglots, les regrets ?
»O d'un zèle insensé trop funestes effets !
»Vois-tu tous ces enfans, les victimes d'un père,
»Condamnés loin du monde à gémir sous la haire ?
»Leur bouche a prononcé le serment solennel,
»Et, contraints de mentir aux pieds de l'Éternel,
»Ils vont baigner de pleurs des marbres inflexibles,
»Ils accusent le Dieu qui les rendit sensibles,
»L'inexorable autel qui les tient opprimés,

* Le maréchal de Saxe.

»Et ces vœux sans retour qu'ils n'avaient point formés.
»Martyrs ou fainéans, laisse-les disparaître:
»Éteints et non détruits, qu'ils meurent sans renaître:
»L'État ne leur doit rien, ils n'ont rien fait pour lui,
»Et le fisc épuisé redemande aujourd'hui
»Cet or longtemps oisif, conquis sur la faiblesse.
»Bientôt, juste héritier d'une injuste richesse,
»Tu pourras accueillir de bienfaisans regards
»Les essais du travail, les prodiges des arts.
»Des moissons vont couvrir les landes infertiles;
»Les cités vont s'orner de monumens utiles;
»D'innombrables vaisseaux élancés de nos ports
»Du Gange et de l'Indus vont chercher les trésors.
»Je vois par cent canaux circuler l'abondance;
»Cent hospices s'ouvrant aux maux de l'indigence.
»Laisse penser, écrire; entends la vérité.
»Permets que de Thémis la sage austérité
»Abjure enfin des lois que dicta le délire,
»Et que l'or sans pudeur n'ait plus le droit d'élire.
»Détruis ce jeu royal ouvert aux citoyens,
»Ces impôts du hasard qui dévorent leurs biens;
»Crains le dédale obscur de tant de mains avides,
»Où vont, loin de tes yeux, s'égarer les subsides;
»Crains l'amas effronté de ces valets des rois,
»Bien payés pour remplir d'inutiles emplois:
»Apprends que, tôt ou tard, cette pompe insultante
»Amène des États la ruine éclatante.

»Toujours pendant son règne un monarque flatté
»Entend bénir son nom de la postérité;
»Mais, à ce tribunal, dès qu'il vient de descendre,
»Trop souvent le mépris accompagne sa cendre,

»Et dans soixante rois de leur siècle adorés ,
»Je cherche en vain dix noms par le temps consacrés ;
»Mais le plus beau laurier, immortelle conquête,
»De ces rois citoyens couronne encor la tête.
»Obtiens par les vertus ce laurier généreux.
»Que des prisons d'État les fondemens affreux
»Démolis, écroulés, à des lois équitables
»Réservent le pouvoir de punir les coupables.
»Que le Jura soit libre, et que loin de mes yeux
»L'esclavage, étalant son aspect odieux,
»Coure au fond d'un sérail, à Delhi, dans Byzance,
»D'un bourreau despotique exalter la clémence.
»La Liberté n'a pas un langage imposteur;
»Quand sa bouche a loué, l'éloge est dans son cœur,
»Mais l'éloge pudique et mêlé de courage.
»Elle offre avec mesure un volontaire hommage ;
»Dans les cœurs attiédis elle enflamme l'honneur,
»Produit les grands exploits, les vertus, le bonheur,
»Fait les rois plus puissans, les sujets plus fidèles :
» Un père idolâtré n'a point d'enfans rebelles.»

ÉPITRE

A M. LE BRUN.

[1783]

Digne enfant d'Apollon, successeur des Orphées,
Toi par qui de nos jours les neuf savantes fées,
Malgré tant de Cotins, soi-disant immortels,
Ne verront point encor s'écrouler leurs autels :
Si tu hais, cher Le Brun, les auteurs à la glace
Aimes tu mieux, dis-moi, le délire et l'audace
D'un poëte ignorant, qui, sans règle et sans art,
En ses vagues écrits ne suit que le hasard ?

Quand la belle Pandore, à la voix du Génie,
Reçut en même temps la jeunesse et la vie,
Jupiter, du prodige et confus et jaloux,
Accabla son vainqueur d'un éternel courroux.
Chassé du ciel, privé même de la lumière,
Aucun dieu ne daigna consoler sa misère.
Tous, de leur souverain lâches adulateurs,
Maudirent à l'envi l'objet de ses rigueurs.
Mais la Raison n'eut point cette indigne faiblesse :
Brûlante d'une auguste et sublime tendresse,
Elle suit le Génie, et sa prudente main
Aux pas de cet aveugle enseigne le chemin.
A son guide échappé, quelquefois de ses ailes

Il affectait encor les voûtes éternelles,
Heureux, quand mieux que lui, veillant à son bonheur,
La Raison modérait cette bouillante ardeur!
Enfin désabusé du séjour du tonnerre,
Cet illustre banni descendit sur la terre.
La Raison l'y suivit; et bientôt les mortels
Devinrent confidens des secrets éternels.

O vous qui recherchez les principes des choses,
Les sublimes effets et les sublimes causes,
Le calcul infini qui forma l'univers,
Et l'espace, et le vide, et les mondes divers,
De ce tout merveilleux l'éternelle harmonie;
Sachez vous méfier de l'aveugle Génie,
Adorez la Raison, et consultez sa voix.

Et vous qui d'Apollon suivez les douces lois,
Si vos efforts heureux quelquefois sur la scène
Ressuscitent encor Thalie et Melpomène,
Ou si d'un vol plus haut vos chants audacieux
Célèbrent les combats, les héros et les dieux,
Que la Raison sans cesse à vos écrits préside;
Ne vous écartez point de ce fidèle guide.
Non qu'il faille blâmer ces généreux transports
Qui du cygne thébain animent les accords:
Aux banquets d'Apollon quand tu touches la lyre,
O Le Brun, sous tes doigts tout Pindare respire;
Émule de Rousseau, peut-être son vainqueur,
A peine mes regards mesurent ta hauteur:
Mon âme en un moment sur tes pas élancée,
Ne voit plus que par toi, ne suit que ta pensée;
Et, ne pouvant me perdre avec toi dans les cieux,

ÉPITRE A M. LE BRUN.

Je t'applaudis au moins et du geste et des yeux.
Mais que tu sais unir la sagesse à l'audace !
Dans tes vers, tour à tour pleins de force ou de grâce,
Tantôt j'entends gronder les aquilons fougueux,
Et tantôt soupirer les zéphyrs amoureux.
Tu chéris la Raison ; ton audace immortelle
A ses divins accens jamais ne fut rebelle ;
Non de cette pédante et lourde déité
Que l'on nomme Raison chez la stupidité,
Qui, jusque dans mes vers, d'un compas tyrannique,
Introduit chaque jour l'esprit géométrique,
Et plus d'une fois même, à son humble niveau,
Prétendit rabaisser et Corneille et Boileau ;
Mais la Raison sublime, à l'âme grande et fière,
Dont l'œil suit aisément l'aigle dans la carrière ;
Compagne de Newton, quand d'un vol glorieux,
Mortel, il pénétra dans le conseil des dieux*.

---

* Chénier n'avait que dix-neuf ans quand il composa cette épître. L'année suivante, il en adressa une à M. Palissot, qui se terminait par ces vers :

> Ainsi dès que la nuit de ses voiles funèbres
> Dans les cieux rembrunis a semé les ténèbres,
> Soudain, au fond des bois, de leurs affreux concerts
> Les sinistres hiboux épouvantent les airs.
> Les voilà désormais rois des célestes plaines :
> Mais sitôt que, perçant les ombres incertaines,
> Loin des bras de Titon, l'Aurore de ses feux
> A rougi de l'Ida les sommets sourcilleux,
> Par un cri souverain saluant la lumière,
> L'aigle, d'un vol hardi, rentre dans la carrière ;
> Tout fuit, et déplorant son empire détruit,
> Le monstre en essaim redemande la nuit.

ÉPITRE

A M. LE SUEUR.

[1787]

D'où naissent les chagrins, enfant de l'harmonie?
Quoi! déjà tes rivaux, armant la calomnie,
Font siffler contre toi ses serpens odieux!
L'artiste sans génie est faux, insidieux,
Heureux du mal d'autrui, tout succès le déchire.
Il devient ennemi, du moment qu'il admire.
Quel ennemi, grands dieux! qu'un rival offensé!

D'un immortel éclat le vulgaire blessé
Au mérite éminent paie un tribut d'envie,
Juste envers les tombeaux, ingrat pendant la vie.
Chantre du Portugal, ô chantre infortuné,
De ton pays entier tu meurs abandonné;
Tu meurs dans l'indigence, et ton ombre plaintive,
Sur les rives du Tage, errante et fugitive,
Souvent durant la nuit pleure, et de ton trépas
Accuse un roi stupide et des peuples ingrats.
Partout de l'injustice on voit de grands exemples:
Partout ces demi-dieux, qui méritaient des temples,
N'obtenant que la haine et souvent le mépris;
Voltaire à soixante ans loin des murs de Paris,

Fuyant avec la gloire et cherchant un asile;
Les cités se fermant devant l'auteur d'Émile;
Le vainqueur de Térence à peine enseveli;
Corneille vieillissant presque mis en oubli;
Milton, chez les Anglais, mourant sans renommée;
La muse des Toscans à Ferrare opprimée;
Et les inquisiteurs, au fond d'une prison,
Près du vieux Galilée enfermant la Raison;
Et la faim consumant l'Apelle de la France,
Quand Mignard et Coypel vivaient dans l'opulence.
Ami, l'ignores-tu? si l'un de tes aïeux
Par ses doctes travaux sut enchanter nos yeux,
Ce peintre, dont l'Europe admire encor les veilles,
Vit un fer sacrilége insulter ses merveilles.
Nobles enfans des arts, accourez, vengez-vous;
Punissez un rival qui vous éclipse tous,
Déchirez, mutilez ces vivantes images,
N'épargnez aucun trait, vos coups sont des hommages.
Mais bien plutôt brisez vos stériles pinceaux;
Quand vous auriez détruit ses éloquens tableaux,
D'un si lâche dépit l'éclatante mémoire
Eût seule éternisé votre honte et sa gloire.

Notre âge est moins brillant, mais plus sage et plus
Tu vaincras l'ignorance et tes rivaux jaloux. [doux;
L'aimable vérité sort enfin du nuage,
Un jour serein s'élève et dissipe l'orage.
Ceux qui t'ont méconnu, contraints de s'éclairer,
Rougissent de leur faute, et vont la réparer.
C'est un si beau devoir! Eh! quelle âme insensible,
Au charme le plus pur quelle âme inaccessible,
Méprisant les talens, pères du doux loisir,

A gêner leur essor peut mettre son plaisir ?
Heureux imitateur des chants de l'Ausonie,
Chaque jour remplis-toi de son divin génie :
Et, montant chaque jour de succès en succès,
D'un nouveau Pergolèse étonne les Français.
Mais laisse autour de toi gronder quelques profanes,
D'un cagotisme obscur imbéciles organes.
Ces pompes, ces accords, ces chants harmonieux,
Plaisent au Roi des rois, au Dieu des autres dieux.
Des éternels concerts c'est la mortelle image ;
Des arts qu'il a créés il accepte l'hommage :
Offrande noble et sainte ! encens digne du ciel !
Ce ciel a tressailli quand le Roi d'Israël
Offrait au Dieu jaloux un glorieux cantique,
Agitait devant lui sa lyre prophétique,
Et poussant dans les airs ses accens généreux,
Contre le Philistin conduisait les Hébreux ;
Ou lorsque, dans les jours de jeûne et de prière,
Pâles, couverts de cendre, au fond du sanctuaire,
De l'antique Lévi les enfans éplorés,
Comme eux faisaient gémir les instrumens sacrés.

Habitans du vallon, secondez la nature.
De ce jeune arbrisseau dirigez la culture.
Faudra-t-il que son front, déjà triste et penché,
Au niveau des sillons se courbe desséché ?
Portez-lui le tribut de ces ondes fertiles.
Faible et timide encore, à ses rameaux fragiles,
Habitans du vallon, prêtez un sûr appui.
Du doux éclat des fleurs il se pare aujourd'hui :
De plus beaux temps viendront, qui seront votre ou-
    vrage ;

Je veux un jour vous voir, assis sous son ombrage,
Quand l'ardent Sirius enflammera les cieux,
Goûter avec transport ses fruits délicieux.

ÉPITRE

A M. MÉHUL.

DU POUVOIR DE LA MUSIQUE.

Méhul, à Polymnie en naissant consacré,
Élève et successeur de ce chantre admiré,
Qui, docte et varié, modula sur sa lyre
Du fils d'Agamemnon le tragique délire,
D'Alceste à son époux les funèbres adieux,
Et d'Orphée aux enfers les pleurs mélodieux;
Satisfait d'embellir les deux scènes lyriques,
Laisse, dans leurs accès lourdement satiriques,
Des sophistes glacés et d'orgueilleux censeurs
Décrier de ton art les utiles douceurs.
Entends-tu Névius, régent par habitude,
Damon, sot par nature, et plus sot par étude,
Ennuyer l'auditoire en parlant du plaisir?
C'est un enfant ailé qu'ils ne pourront saisir.
L'ami des arts jouit quand le pédant raisonne;
Par un souffle ennemi le plaisir l'empoisonne;
Et l'envie, épanchant ses venins odieux,
Corrompt ce pur nectar préparé pour les dieux.
Les beaux-arts ont l'éclat et le parfum des roses;

Vois-les dans nos jardins nouvellement écloses ;
De leur suc odorant l'abeille se nourrit ;
Le venimeux reptile en passant les flétrit.

Mais, entre ces beaux-arts, enfantés par la Grèce,
Et formant d'Apollon la cour enchanteresse,
La musique, Méhul, par des effets puissans,
Du charme le plus sûr sait enivrer nos sens.
Arion, sur les flots, va céder à l'orage ;
Secouru par sa lyre, il échappe au naufrage.
Vois Amphion peupler un sol inhabité ;
Il fait marcher la pierre, et fonde une cité.
Orphée, aux bords de l'Èbre allant cacher sa vie,
Pleurant son Eurydice, hélas, deux fois ravie,
Le long du fleuve en pleurs traîne ses longs regrets,
Et les monstres émus, et les tristes forêts.
Quel mystère est caché sous ces voiles aimables ?
La poétique Grèce, inventrice des fables,
Voulut par ces récits nous faire concevoir
D'un art délicieux le magique pouvoir.
Dans les cieux, aux enfers, il étend ses conquêtes ;
Quelquefois de la mort il embellit les fêtes.
Harmonieux Gossec, lorsque ta lyre en deuil,
De l'auteur de Mérope escortait le cercueil,
On entendait au loin, dans l'horreur des ténèbres,
Les accords prolongés des trombones funèbres,
La timbale voilée aux sombres roulemens,
Et du timbre chinois les tristes hurlemens.

Mais cherchons la gaîté sur ces charmantes rives
Où le front de Thétis est couronné d'olives...
Dans le calme des cieux et des vents et des flots,

ÉPITRE A M. MÉHUL.

Sur les mers de Marseille on voit les matelots
Revoler en chantant des bords où fut la Grèce;
Le tambourin du port appelle l'allégresse;
Le brillant galoubet vient égayer les airs,
Et la danse folâtre est jointe aux doux concerts.
Sous les vallons ombreux quel pasteur fait entendre
Les soupirs de la flûte harmonieuse et tendre?
Il module l'espoir, la crainte, le désir;
De ses doigts amoureux découle le plaisir.
Plus loin le cerf bondit; les chasseurs applaudissent,
Du cri joyeux des chiens les échos retentissent;
Le cor, aux fiers accens, étonne les forêts;
Diane, un arc en main, déjà lance ses traits;
Endymion la suit; l'Aurore matinale
S'éveille en souriant à la voix de Céphale.
Si Pan de la Sicile instruisit les bergers
A cadencer un chant sur des pipeaux légers,
Aux monts de l'Appenzel, dans les bois helvétiques,
Il enfla le premier les musettes rustiques;
Là, quand le vent du soir agite les ormeaux,
Quand la reine des nuits brille entre les rameaux,
Du ranz accoutumé les notes languissantes
Rappellent au bercail les vaches mugissantes.

. . . .
. . . .

ÉPITRE

A MON PÈRE.

> Hic in'erim liber.... professione
> pietatis aut laudatus erit, aut
> excusatus.   T.c

[1787]

Le ciel a tout à coup fermé le précipice;
A nos larmes, mon père, il est enfin propice;
Tes jours dans les douleurs à demi consumés,
Par les soins de Geoffroi sont enfin rallumés.
Après de longs chagrins, la nature affaiblie,
Elle-même souvent s'abandonne et s'oublie :
Une lutte pénible a vieilli ses ressorts;
L'esprit souffre longtemps et fait souffrir le corps.
L'édifice attaqué déjà crie et chancelle;
L'homme est près de quitter sa substance mortelle;
Son âme, succombant sous le poids de ses fers,
Demande à s'élancer dans un autre univers,
Appelle, et voit déjà, loin d'un globe d'argile,
Ce monde, espoir du juste, et son unique asile,
Où le bonheur commence, où les maux ne sont plus,
Où, devant l'Éternel, les temps sont confondus.
Ame, ne fléchis point, roidis ce grand courage;
Le ciel avec plaisir contemple son ouvrage :

ÉPITRE A MON PÈRE.

L'homme de bien luttant contre l'adversité,
Présente un beau spectacle à la Divinité ;
Il honore ses jours, il rend digne d'envie
Ce cercle de douleurs qu'on appelle la vie :
Il laisse un digne exemple à ceux qui le suivront ;
Sous les dieux, sous les lois courbant son noble front,
Chéri de ses pareils, béni des siens qu'il aime,
En guerre avec le sort, en paix avec soi-même,
Sachant mêler ses pleurs aux pleurs de ses amis,
Et sensible surtout aux maux de son pays.

Quel est donc ce vaisseau si voisin du naufrage?
Fier de son nom royal, il dédaignait l'orage,
Et depuis sa naissance ignorant les revers,
Semblait l'île fameuse errante sur les mers ;
Maintenant il chancelle, et ses voiles frémissent ;
Ses mâts sont renversés, ses antennes gémissent.
Ni ses triples remparts, tout chargés de soldats,
Ni cent foudres d'airain qui lancent le trépas,
Ni les lis glorieux dont sa poupe est ornée,
Ne vaincront les autans et la mer effrénée,
Si d'écueil en écueil son pilote égaré
Ne connaît point les flots dont il est entouré.
O nocher, garde-toi de ces gouffres rapides,
Fuis ces rocs menaçans, crains ces sables perfides :
Quand Neptune irrité ne t'offre que la mort,
Nocher, cède à Neptune, et rentre dans le port.

On répand sur l'État des larmes légitimes,
Quand le vaisseau public flotte entre les abîmes.
Menacé du trépas, pilote ou passager,
On peut frémir sans honte en ce commun danger.

ÉPITRE A MON PÈRE.

Mais quand nous souffrons seuls, soyons inébranlables,
Poursuivis par le sort, deviendrons-nous coupables ?
Un faux ami me trompe ; est-ce à moi de gémir ?
Mon aspect le punit, s'il sait encor rougir.
Cependant voilà l'homme. Inquiet et mobile,
Il aime à se flatter : c'est un roseau fragile
Ébranlé mille fois avant d'être abattu :
Principe universel de vice et de vertu,
Souvent l'orgueil nous dit (insensés que nous som- [mes !)
Qu'à la justice enfin nous contraindrons les hommes ;
Qu'un mal de tous les lieux peut bien cesser pour nous :
C'est un mensonge, hélas ! mais ce mensonge est doux.
J'ai moi-même espéré dans l'âge où l'on espère :
Age écoulé déjà quand la raison s'éclaire !
Me livrant sans réserve à mes songes heureux,
J'ai cru tous les humains bienfaisans, généreux ;
Je suis désabusé ; mais c'est trop tôt peut-être.

Toi qui les observas, qui voulus les connaître,
Qui d'un noble travail recherchant les plaisirs,
A la sage Clio consacras tes loisirs ;
N'as-tu pas vu partout la sagesse proscrite,
La faveur en tout temps oublier le mérite,
Les honneurs, les trésors accumulés sans choix,
Et les peuples payer les caprices des rois ?
Monarques malheureux, traînés de piége en piége,
Délivrés d'une erreur, une autre les assiége :
Le temps, la voix du peuple a beau les avertir ;
Avides d'acheter un nouveau repentir,
Chez eux la flatterie est toujours honorée,
Et la vertu déplaît ou languit ignorée.
Cette fille des dieux, au front plein de candeur,

ÉPITRE A MON PÈRE.

Ne sait pas en rampant se vanter sans pudeur.
Source du vrai mérite, elle est modeste et fière ;
Elle cède à l'Intrigue, à l'Ignorance altière :
Jamais la Calomnie, habitante des cours,
D'homicides poisons n'infecta ses discours.
Si pour toi les destins gardant leur inclémence
Ont trahi bien souvent ta noble confiance,
Si des vils intrigans l'espoir est couronné,
Ami de la Vertu, n'en sois plus étonné.
Chacun fuit en nos jours sa présence importune :
La Reine des humains, l'inconstante Fortune,
Parcourant l'univers un bandeau sur les yeux,
Verse de tous côtés ses dons capricieux.
Vois tous ces charlatans empressés à lui plaire,
A la cour, chez Thémis, et dans le sanctuaire,
Employer tour à tour la fraude et les combats,
Lutter en l'invoquant, s'égorger sur ses pas.
A ses dons quelquefois si les sages prétendent,
C'est en sages du moins ; et muets, ils attendent
Que son choix... vain espoir ! inutile désir !
Ses regards sont voilés ; pourrait-elle choisir ?

Du moment où le ciel nous offre sa lumière,
Jusqu'au jour où le ciel ferme notre paupière,
Nous vivons entourés d'ingrats ou de flatteurs,
Et d'une foule oisive, écho des imposteurs.
Mais sous la faux du temps dès qu'un homme succombe,
La Vérité s'avance et s'assied sur sa tombe :
Aux yeux de l'avenir les vertus ont leur prix,
Et l'or n'a pas sauvé *** du mépris.
Ce perfide étranger, grand dans l'art de séduire,
Qui gouverna la France et faillit la détruire,

ÉPITRE A MON PÈRE.

Lègue à ses héritiers des trésors criminels,
Grossis au pied du trône, à l'ombre des autels.
Phocion, qui des Grecs releva la puissance,
Puni de ses bienfaits, supportant l'indigence,
Condamné par les lois, mais non déshonoré,
Meurt, et de ses bourreaux est bientôt adoré.
Réponds-moi, qui des deux doit exciter l'envie ?
Ah ! d'un culte immortel si ma mort est suivie,
Je suis prêt, diras-tu ; ministres du trépas,
Apportez la ciguë, et ne me plaignez pas.

Tes aïeux ont versé leur sang pour la patrie ;
A de nombreux périls ta prudence aguerrie
Fit respecter Louis chez le Maure indompté,
Et du peuple français soutint la majesté.
Mais l'abandon payait ton zèle et tes services,
Quand le sort à tes yeux récompensait les vices :
Tu cédais, ô mon père, et j'ai vu de tes jours
Un venin sombre et lent précipiter le cours.
Et maintenant le ciel, roi de nos destinées,
Va jusqu'à cent hivers prolonger tes années :
Le ciel, te prodiguant ses rayons généreux,
Perce de tes chagrins les voiles ténébreux.
Mais lorsque, terminant tes jours longs et prospères,
Il unira ton ombre aux ombres de nos pères,
Moi, si je te survis, pâle et couvert de deuil,
Je chanterai ton nom dans l'hymne du cercueil.
Ce nom chez les Français ne sera point sans gloire ;
Tous les vrais citoyens chériront ta mémoire :
Leur estime t'est due ; et tes fils à leur tour
Sauront, n'en doute pas, la conquérir un jour.
Que d'autres, enrichis des misères publiques,

Insultent l'indigent sous leurs toits magnifiques,
Et du peuple affamé calculent les malheurs :
Tes fils ne seront pas héritiers de ses pleurs.
De ma mère et de toi nous aurons en partage
Des biens plus précieux, un plus grand héritage ;
Nous aurons les vertus, ces richesses du cœur ;
Un souvenir sans tache, et des trésors d'honneur ;
Une âme fière et pure, incapable de crainte ;
Et l'amour de la gloire, et la liberté sainte,
Méprisant les faveurs qu'il faudrait mendier,
Et vers un ciel jaloux levant un œil altier.

ÉPITRE
A EUGÉNIE.

Belle et séduisante Eugénie,
L'essaim des Amours suit tes pas;
Des Jeux la troupe réunie
Sourit à tes jeunes appas :
Mais décrier ce qu'on envie,
Ménager ce qu'on ne craint pas,
Telle est l'histoire de la vie.
Les sots craignent les gens d'esprit,
Les laides redoutent les belles :
Des bégueules sempiternelles
Contre toi le courroux s'aigrit.
Aimer est le soin de ton âge;
Haïr est leur triste partage;
Tu nous plais; c'est les outrager;
Plais-nous, s'il se peut, davantage,
Pour les punir et te venger.
La prude Arsinoé tempête
En voyant briller sur ta tête
La rose et les jasmins nouveaux :
Ce sont les fleurs de la jeunesse;
Celles de la triste vieillesse

Sont les soucis et les pavots.
Vainement la grave matrone
Que scandalise la gaîté,
D'un ton lourdement apprêté,
Se vante elle-même et nous prône
Le bon ton qu'elle connaît peu :
N'en déplaise à la pruderie,
L'ennui qui la suit en tout lieu
Est très-mauvaise compagnie.

Loin de la sphère des dévotes,
Entends-tu fronder les amours
Par des médisantes moins sottes,
Non moins aigres dans leurs discours ;
Par nos Armandes, nos Bélises,
Ces phénomènes, ces esprits,
Composant de petits écrits,
Qui sont pleins de grandes sottises ?
L'une suit Newton dans les cieux :
Politique par excellence,
L'autre pèse dans sa balance
Les Rousseaux et les Montesquieux ;
Celle-ci, malgré tout le monde,
Se proclame Sapho seconde
Au Parnasse de Thélusson ;
Cette autre, folle lamentable,
Veut que l'on quitte pour le diable
Fielding, Le Sage et Richardson.
Or sus, que leur front sec et jaune
Soit ceint d'une épaisse couronne,
Non de laurier, mais de chardon ;
Et que ce rimailleur gascon,

ÉPITRE A EUGÉNIE.

Qui diffame tout ce qu'il vante,
De son gosier rauque les chante
Au fond des marais d'Hélicon.
Crois-moi, leur éclat pédantesque
N'a rien qui te doive éblouir;
Ris de cette gloire grotesque
Qu'un jour voit naître et voit mourir.
A la nature plus docile,
Cultive en paix l'art difficile
D'aimer, de plaire et de jouir.
Loin du triste charlatanisme,
Loin du fastueux jansénisme
De la bégueule Maintenon,
En suivant les lois d'Épicure,
Ainsi dans sa retraite obscure,
Vécut cette aimable Ninon,
En amour connaissant l'ivresse,
Mais très-peu la fidélité;
Pleine d'honneur, de probité,
Si ce n'est en fait de tendresse,
Bel esprit sans fatuité,
Et philosophe sans rudesse.
Paris tour à tour enviait
Villarceaux, Sévigné, Gourville,
Et La Châtre dormant tranquille
Sur la foi de son bon billet.
Affrontant la troupe hargneuse
Des médisantes par métier,
Elle osait être plus heureuse
Que les prudes de son quartier.
Tous les arts venaient lui sourire;
Douce amitié, tendres amours

Égayaient ses nuits et ses jours.
Le trait jaloux de la Satire
Ne l'atteignit point dans leurs bras;
Tartufe pouvait en médire,
Mais Molière en faisait grand cas.
Afin de varier la vie,
Chemin faisant elle avait eu
Mainte faiblesse fort jolie:
On parlait peu de sa vertu,
Mais on l'aimait à la folie.

Toi donc, de qui la volupté
A constamment suivi les traces,
Toi qui joins l'enjoûment aux grâces
La gentillesse à la beauté,
Que les plaisirs, que la tendresse,
Divinités de la jeunesse,
Embellissent tes doux loisirs:
Rends-leur des hommages durables,
Sans négliger les arts aimables:
Les arts sont aussi des plaisirs.
Qu'agitant les cordes dociles,
Sur la harpe, tes doigts agiles
Voltigent, guidés par l'amour;
Et que ta voix tendre et plaintive
Chante la romance naïve
De quelque nouveau troubadour.
Moissonne le champ de la vie,
Tandis que les sombres hivers
N'ont pas encor glacé les airs,
Ni desséché l'herbe flétrie;
Tandis qu'Aurore de ses pleurs

Anime et féconde la plaine,
Où Flore étale ses couleurs,
Et que Zéphyr de son haleine,
Caresse tes cheveux d'ébène,
Couronnés de myrte et de fleurs.

ESSAI
SUR LES PRINCIPES DES ARTS.

POËME.

CHANT PREMIER.

J'expose dans mes vers les principes des arts.
Toi, dont la France obtint les propices regards,
Par qui la Grèce et Rome ont produit des miracles,
Apollon, dieu du jour, dieu qui rends les oracles,
Qui, de rayons couvert, et tenant l'arc vengeur
Sous qui du noir Python succomba la fureur,
Guide le vol hardi de ce coursier rapide
Dont le pied fit jaillir la source Aganippide,
Daigne inspirer ma voix ! Et vous, pudiques Sœurs,
Muses, de vos accords prêtez-moi les douceurs;
Laissez-moi d'Hélicon parcourir les ombrages,
Où, ceintes de lauriers sous l'abri des bocages,
Vous formez en dansant ces chants mélodieux
Qui montent vers l'Olympe, et vont charmer les dieux.
Je vous implore aussi, Grâces enchanteresses;
Vous égayez le cœur des neuf chastes Déesses;

De vos jeux élégans vous ornez leurs concerts :
Eh ! que seraient sans vous et le chant et les vers ?
Donnez-moi ce talent dont l'heureuse souplesse
S'élève avec vigueur, descend avec noblesse,
Sait badiner, instruire, émouvoir, raisonner,
Et prendre tous les tons sans jamais détonner.

Les arts n'ont qu'un objet, d'imiter la nature :
Poésie, Éloquence, et Musique, et Peinture,
Marchent au même but par des sentiers divers :
Mais, comme ils sont voisins, un esprit de travers
De les confondre ensemble a souvent la manie,
Et voit dans ses écarts les élans du génie.
En vain le mauvais goût s'empresse d'applaudir ;
Dénaturer les arts, n'est pas les agrandir.

Ainsi qu'aux vers bien faits, il faut à l'éloquence
Les sons harmonieux, le nombre, la cadence,
Les termes enrichis d'un sens plus étendu,
Des termes rapprochés l'hymen inattendu,
Ces tours, ces mouvemens, ces figures pressées,
Qui font agir les mots et peignent les pensées.
Bossuet, Fénélon, leur devancier Pascal,
Buffon leur successeur, et Rousseau leur égal,
Des lecteurs délicats méritant les suffrages,
De ces trésors du style ont paré leurs ouvrages ;
Mais vous n'y trouvez pas tout ce pompeux jargon,
Tous ces lambeaux de vers sans rime et sans raison,
Tous ces ornemens faux, nés quand le goût s'éclipse,
Sublime d'Alcoran, beautés d'Apocalypse,
Que vont semant partout ces charlatans nouveaux,
Dont Bélise et Tartufe encensent les tréteaux.

Quelques gens semblent croire aux poëmes en prose :
Ils ont tort, et le mot ne change point la chose.
A quoi bon, mes amis, défigurer vos pas ?
Vous marchez mal, d'accord; mais vous ne dansez pas.
Si l'auteur que tourmente une verve indiscrète,
Faisant des vers sans grâce, est un méchant poëte,
Sous le nom de poëte il se déguise en vain,
Lorsqu'il ne peut des vers atteindre l'art divin.
Réduisons chaque terme à sa valeur réelle :
On dit, Homère est peintre; est-il rival d'Apelle ?
Sophocle est éloquent; devient-il orateur ?
Des mots harmonieux un usage enchanteur
Fait-il que Cicéron ait la lyre d'Horace ?
Des écrits pleins de feu, de couleur, et d'audace,
Du sévère Tacite animent les écrits ;
Est-ce un poëte épique ? Ou veut-on qu'aux récits
Avec son merveilleux la fable soit mêlée,
Et faut-il de ce titre honorer Apulée ?
Non ; mais au merveilleux notre style répond ;
Nous avons du poëme et la force et le fond ;
Héros, fable, récit, épisodes, prodiges.
Soit; l'intérêt vous manque; entassez les prestiges ;
Aux dieux du Panthéon joignez la *Fleur des Saints*.
Osez même, appauvris par de nombreux larcins,
Habiller de centons votre prose guindée,
Où tout veut être image, où rien n'offre une idée :
Au Parnasse français on n'assure ses droits
Qu'avec cet art qui chante et qui peint à la fois,
Qui sait dans les esprits graver ce qu'il exprime,
Qui fait servir au sens la mesure et la rime,
Voit de brillans appuis où vous voyez des fers,
Et pare la raison du charme des beaux vers.

CHANT I.

Du prélat de Cambrai quand la douce sagesse
De son royal élève instruisait la jeunesse,
Par Homère et Sophocle il était inspiré ;
Il avait leur pinceau, mais non leur chant sacré :
Télémaque, où partout brille un talent suprême,
Est un chef-d'œuvre en prose et n'est pas un poëme ;
L'auteur n'avait point dit : Je chante ce héros.
La Mothe un peu plus tard vint abuser des mots.
La Mothe, en vers très-durs estropiant Homère
Écourta l'Iliade en un trop long sommaire :
Dans le lit de Procuste il osa mutiler
Celui qu'aucun rival ne pouvait égaler ;
Et son aridité, du sublime ennemie,
Fait du géant du Pinde un nain d'académie.
Honni par le public, il cessa de rimer,
Et dans une ode en prose il lui plut d'affirmer
Que, sans écrire en vers, on peut être un poëte,
Essayer le cothurne, emboucher la trompette.
Bientôt, pour se couvrir du manteau d'un beau nom,
Comme un chantre héroïque il cita Fénélon.
Des poëmes rimés l'éclatante disgrâce
Avait, durant un siècle, effrayé le Parnasse.
On avait vu tomber le conquérant Clovis,
L'empereur Charlemagne, et le saint roi Louis,
L'Ostrogoth Alaric, dans la nuit éternelle,
Descendre côte à côte auprès de la Pucelle ;
David suivre Moïse et précéder Jonas.
De même on vit Séthos, Télèphe, et les Incas,
Et Joseph, et Numa, sans rime, sans mesure,
Mais de la poésie affectant la parure,
Trébucher l'un sur l'autre, et, prônés quelques jours,
Dans le fleuve d'oubli s'enfoncer pour toujours.

Eh quoi! Chateaubriand, vos Martyrs se défendent!
Vain espoir : ils s'en vont ; leurs aînés les attendent ;
Et le roman chrétien touche aux flots du Léthé,
Rendez-vous des journaux qui vous ont exalté.

Modèle et maître encor des chantres de l'Europe,
O vieillard d'Ionie! et toi, dont Parthénope
Voit la tombe enfanter des lauriers toujours verts,
Sous les rayons d'un ciel aussi pur que tes vers;
Ingénieux Toscan, dont la muse divine
Posséda la baguette et les charmes d'Alcine;
Et toi, son successeur, dont la brillante voix
Célébra de Renaud l'amour et les exploits;
Aveugle d'Albion, qui, dans ta noble ivresse,
Atteignis quelquefois l'aveugle de la Grèce;
Toi qui vengeas l'honneur du Parnasse français,
Qui, par tous les talens, obtins tous les succès;
Qui sus joindre à l'éclat de vingt lauriers tragiques
L'éclat plus grand encor de deux palmes épiques;
Vous tous qui, la trompette et la lyre à la main,
Par des vers inspirés charmez le genre humain,
Et, debout au sommet des collines sacrées,
Levez sur tous les fronts vos têtes révérées :
Si plus d'un prosateur, Icare audacieux,
Sur des ailes de cire a cru monter aux cieux,
Pardonnez, ou des vers assurez la vengeance :
Naisse, naisse à vos chants un poëte à la France,
Et, des beaux temps du Pinde amenant le retour,
Qu'à vos concerts divins il se mêle à son tour!

On a tout confondu : l'orgueil et l'impuissance
Aux poëmes en prose ayant donné naissance,

Produisirent encor ce genre singulier
Où Nivelle, à la fois tragique et familier,
A de pénibles ris joignant de tièdes larmes,
Des muses de la scène a travesti les charmes;
Toutes deux on les cherche, et toutes deux en vain.
Sans effort quelquefois haussant le brodequin,
Thalie approche un peu du ton de Melpomène :
Quand le sévère Alceste, épris de Célimène,
De son amour jaloux lui laisse voir l'excès;
Ou lorsque de Tartufe abhorrant les succès
Cléante au faible Orgon peint les dévots de place,
Armant d'un fer sacré leur hypocrite audace,
La diction s'élève au niveau de l'auteur.
Du cothurne à son tour abaissant la hauteur,
Quelquefois Melpomène avoisine Thalie :
Écoutez l'enfant-roi qu'interroge Athalie :
En ses discours naïfs chaque terme est sans fard ;
Tout l'art a disparu ! c'est le comble de l'art.
Mais Racine, en ses vers aussi doux qu'énergiques,
A toujours les accens et les larmes tragiques :
Et Molière, des siens bannissant les douleurs,
Jamais aux ris joyeux n'osa mêler des pleurs.

Celui de qui la muse inégale et hardie
Créa du peuple anglais la sombre tragédie,
Sublime par élan, fut bouffon par accès;
On peut à son ardeur pardonner des excès :
Dépourvu de modèle, il dut à la nature
Les germes vigoureux d'un talent sans culture.
D'ignorans spectateurs, bien loin de l'éclairer,
Sur ses pas vagabonds aimaient à s'égarer :
Mais, lorsque de nos jours la lourde Germanie

Rappelle ses écarts et non pas son génie.
Nous, disciples des Grecs, et par eux adoptés,
Sans le prendre pour guide, admirons ses beautés,
Et, respectant du goût la sévère limite,
Avec génie encor que Ducis les imite.
De Schiller, de Lessing, si l'orgueil un peu plat
Du théâtre français voulut ternir l'éclat,
Loin du trône où, tenant et le sceptre et la lyre,
Sont assis trois rivaux maîtres du même empire,
Que Lessing et Schiller de leurs drames bâtards
Surchargent à l'envi les tréteaux des remparts.

Chez ces mêmes Germains, faibles dans l'art d'écrire,
Naquit l'étrange abus de vouloir tout décrire ;
Il a gagné la France et nos faiseurs de vers
N'ont que trop imité cet ennuyeux travers.
Peter Neefs, en peignant, sait promener ma vue
Sous les arcs prolongés d'une église étendue ;
Trompé par Gérard Dow je touche avec les yeux
Les marbres, les cristaux, les tapis précieux ;
Auprès de Van Huysum je crois cueillir encore
Les présens de Bacchus, de Pomone et de Flore ;
Humant l'air enflammé, l'impétueux taureau,
Ici, grâce à Berghem, mugit sous le pinceau ;
Là, du soleil couchant, dans un beau soir d'automne,
Sous les doigts du Lorrain la lumière rayonne,
Décroît, baisse : et, perçant des voiles entr'ouverts,
Dore les prés, les bois, les palais et les mers.
Un Scudéri moderne, en sa verve indiscrète,
Décrit tout sans pinceaux, sans couleurs, sans palette,
De l'éléphant au rat, de l'aigle au moucheron :
Traduisant en plats vers la prose de Buffon,

CHANT I.

Compilant le fatras compilé par Bomare,
Et toujours trivial, quoique toujours bizarre,
Il va décrire encor pour la centième fois
Ou le combat du coq, ou le cerf aux abois,
Tantôt le chantre ailé que baigne une eau limpide,
Tantôt le bœuf pesant ou le coursier rapide.
Un âne, sous les yeux de ce rimeur proscrit,
Ne peut passer tranquille, et sans être décrit.
Un coche est embourbé; notre homme est là tout proche,
Et, pour décrire un peu, s'embourbe avec le coche.
Il décrit le meunier qui dort en son moulin;
Et le fils du meunier, le langoureux Colin,
Sans prier Apollon, sans invoquer de muse,
Pour chanter Timarette enflant sa cornemuse,
Et la sœur de Colin, Cécile, au bord de l'eau
Entre ses doigts légers agitant son fuseau;
Le curé qui la lorgne en disant son bréviaire;
Le léger pont de bois sur l'étroite rivière;
Le pêcheur et la ligne, et le petit poisson
Qui se débat dans l'onde et pend à l'hameçon.
De ces vers descriptifs la pituite incurable
L'étouffe; et les journaux, que sans cesse il accable,
Par lui seul inondés, s'écroulent sous le faix
De sa fécondité, qui ne tarit jamais.
Chaque fragment chez lui menace d'un volume;
Dans les torrens glacés qui tombent de sa plume
Il nage en prédisant son immortalité,
Que le lecteur transi prend pour l'éternité.

Si je blâme avec vous des abus insipides,
Je reconnais vos droits, ô doctes Piérides:
Votre art est tout-puissant; son vol audacieux

Franchit en un clin d'œil et les temps et les lieux :
Quel que soit le travail d'un statuaire habile,
En paraissant ému le marbre est immobile ;
Sans rompre l'unité, le plus savant pinceau
Ne peint pas deux momens dans un même tableau :
Mais, pareille aux coursiers du dieu de la lumière,
L'agile poésie, en sa libre carrière,
Va, vient, descend, remonte, et, sans cesse courant,
Présente à chaque vers un tableau différent.
L'habitant le plus beau de la cour immortelle,
Le dieu de tous les arts, et leur brillant modèle,
Voilà ce que j'admire en ce noble Apollon,
Qui doit du Belvédère éterniser le nom :
Raphaël, près du dieu, s'élançant au Parnasse,
Unissant comme lui la noblesse à la grâce,
Au milieu des neuf Sœurs sait le peindre inspiré,
Ceint du laurier chéri, tenant l'archet sacré,
Dictant les vers divins d'Homère et de Virgile.
Voyez-le maintenant dans le chantre d'Achille.
Un pontife a des rois essuyé le dédain :
Il invoque Apollon ; le dieu, son arc en main,
S'élance ; et sur son dos ses flèches qui frémissent
Au sein du carquois d'or sourdement retentissent :
Prolongeant sur ses pas cet homicide bruit,
D'un nuage entouré, tel que la sombre nuit,
Il marche ; et, tout à coup entr'ouvrant le nuage,
A l'aspect des vaisseaux s'assied près du rivage :
Là, sur le camp des Grecs son arc est dirigé ;
Un trait vole en sifflant, le pontife est vengé.

Ne faisons point des arts un burlesque mélange.
Armés de leur ciseau, Puget et Michel-Ange

CHANT I.

N'ont pas, à la peinture enviant sa couleur,
Du marbre de Paros fait mentir la blancheur.
Le stucateur, charmé d'une ignoble imposture,
Pense, en outrageant l'art, imiter la nature :
Mais quand, un livre en main, son abbé bien poudré,
En calotte luisante, en habit mordoré;
Son faune en escarpin, sa nymphe court vêtue,
Sa Chinoise aux yeux bleus, à la tête pointue,
D'un cabaret obscur font le digne ornement,
Ou, dans quelque faubourg, vont parer tristement
Les coins symétrisés d'un parterre gothique,
Vous, Puget, Michel-Ange, à côté de l'antique,
Vous décorez des rois les palais enchantés ;
Vos monumens pompeux illustrent les cités ;
Des sages, des héros, les sublimes images
Par vous de l'avenir obtiendront les hommages ;
Et l'on court invoquer dans les temples divins
Des habitans du ciel qui sortent de vos mains.
Mais où l'on peut surtout distinguer les limites
Qu'à des arts différens la nature a prescrites,
C'est quand le même objet par eux est imité.
Nos yeux contemplent-ils cette divinité
Que du marbre amolli fit naître Praxitèle,
C'est peu de reconnaître une jeune immortelle ;
Nous disons : C'est Vénus. Tout mérite le prix
Que sur les monts de Crète elle obtint de Pâris ;
Sa nudité pudique, et sa beauté touchante,
De ses bras arrondis la souplesse élégante,
De ses traits doux et fins l'ensemble séducteur,
Et les contours moelleux de ce corps enchanteur :
En voyant la déesse, on sent que sur ses traces
L'enfant ailé voltige accompagné des Grâces.

Titien, sur la toile, ose-t-il à son tour
Offrir à nos regards la mère de l'Amour,
Aux formes de l'antique il sera loin d'atteindre ;
Mais il a des pinceaux ; c'est Vénus qu'il va peindre.
Il rendra de son teint la fraîcheur et l'éclat ;
On verra de sa peau le tissu délicat ;
Sa blonde chevelure en longs anneaux flottante ;
Du plaisir partagé la promesse et l'attente
Sur sa bouche de rose, en l'azur de ses yeux
Doux comme les rayons d'un jour délicieux ;
Ce regard plein de flamme et tendrement humide,
Qui rendait auprès d'elle Adonis moins timide,
Quand, des mêmes désirs se laissant enivrer,
Dans les forêts de Gnide ils allaient s'égarer.

Ici, dans un tableau qu'Homère nous présente,
Combien nous admirons sa touche séduisante !
De quels traits il sait peindre à l'esprit enchanté
Le pouvoir absolu qu'exerce la beauté !
C'est Junon, de Vénus c'est la rivale altière,
Qui près d'elle aujourd'hui descend à la prière :
Pour séduire un époux, elle emprunte à Vénus
Des attraits que jadis elle avait méconnus.
A vanter leur puissance elle-même s'empresse.
«O Vénus, prête-moi, dit la fière déesse,
»Ce charme dont l'empire, assurant les autels,
»Te soumet à la fois les dieux et les mortels.»
Vénus, ainsi flattée, en souriant s'incline,
Détache mollement sa ceinture divine,
S'en dépouille, et la prête à la reine des cieux.
Dans les plis ondoyans du tissu précieux,
Sont cachés les désirs, la grâce inexprimable,

CHANT I.   139

Tout ce qui fait aimer, tout ce qui rend aimable,
Les refus caressans dont l'attrait est vainqueur,
Et les doux entretiens qui sont maîtres du cœur.
O premier des beaux-arts, céleste poésie,
Vrai langage des dieux, tes chants sont l'ambroisie !
Rendras-tu, Praxitèle, un si charmant objet ?
Non, ton art s'épouvante, et ton ciseau se tait.
Viens, saisis, Titien, ta palette magique :
Prends ton pinceau moelleux, éloquent, énergique,
Aux tissus les plus fins, aux plus beaux ornemens,
Unis l'éclat de l'or, le feu des diamans ;
Tes efforts seront vains ; et jamais la peinture
Ne pourra de Vénus égaler la ceinture.

Le poëte à son tour doit savoir éviter
Des effets que le peintre a le don d'imiter ;
Ah ! pour mêler deux arts, une ignorante audace
Invoquerait en vain l'autorité d'Horace ;
Horace les compare, et ne les confond pas.
Je dirai leurs rapports ; mais allons pas à pas,
Et que des lois du goût le goût soit l'interprète.
Oui, le poëte est peintre, et le peintre est poëte.
Corneille, dans ses vers, nous peint de grands tableaux ;
Et Poussin pense, écrit, parle avec ses pinceaux.
Pour traiter cependant les sujets qu'ils choisissent,
Aux moyens de leur art tous deux s'assujettissent ;
Le chemin seul diffère, et tous deux vont au but :
Poussin, qui parle aux yeux, ne peint pas *Qu'il mourût :*
Du théâtre français le fondateur sublime,
Créant la tragédie et non la pantomime,
Laisse obtenir en foule au peuple des auteurs
Des succès réclamés par les décorateurs.

Ainsi que Melpomène on voit la muse épique
Employer du discours la forme dramatique ;
Voulant frapper les yeux bien moins que les esprits,
Melpomène à sa sœur emprunte les récits ;
Pharnace, Xipharès, les Romains, Mithridate,
Combattent devant moi lorsque j'écoute Arbate ;
Par des vers enchanteurs, Théramène, en pleurant,
Me fait voir, suivre, entendre Hippolyte expirant.
Isménie à l'autel me montre Poliphonte
Immolé par Égiste aux mânes de Cresphonte ;
Ulysse en traits de feu me peint les longs débats
Excités et calmés à la voix de Calchas.
Quand la satiété des chefs-d'œuvre sans nombre
A l'éclat de nos arts mêlait déjà quelque ombre,
On n'a pas craint d'offrir au public assemblé
Aux yeux d'Iphigénie Agamemnon voilé,
Et tous les Grecs luttant contre le seul Achille,
Et le sanglant couteau dans les mains d'Ériphile :
Mais, juste cette fois, le public a vengé
La raison méconnue et Racine outragé.

Quels objets montre aux yeux l'art savant du théâtre !
Teinte du sang d'un fils, l'horrible Cléopâtre
Épuise en sa fureur le vase empoisonné
Qu'au second de ses fils elle avait destiné :
Des trésors de David exigeant ce qui reste,
Athalie est conduite en un piége funeste,
Et, dans les murs du temple admise sans soldats,
Voit avec la vengeance apparaître Joas.
D'un vieillard éploré la voix inattendue
Arrache le poignard à Mérope éperdue,
Qui va tuer son fils en voulant le venger :

Par un injuste arrêt se laissant égorger,
Pour Tancrède banni, la tendre Aménaïde,
A la honte, au trépas porte une âme intrépide :
Tancrède, qui paraît quand elle est sans secours,
Se croit trahi par elle, et combat pour ses jours :
Le génie, en traçant ces peintures habiles,
Atteint, sans les franchir, des bornes difficiles,
Qu'égaré loin du but, de faux pas en faux pas,
Un vulgaire talent franchit et n'atteint pas.

Mais, lorsqu'Iphigénie a reconnu son frère,
N'a-t-on pas de Diane apaisé la colère?
Et son temple est-il fait pour de sanglans combats?
Se glissant sain et sauf à travers les soldats,
Se peut-il que Lincée ait eu l'adresse extrême
D'escamoter le fer levé sur ce qu'il aime?
Que Tell avec les siens soit libre et triomphant :
Mais à quoi bon la flèche, et la pomme, et l'enfant?
Pour secourir Bayard faut-il tant de cohortes?
Accourant, s'agitant, forçant toutes les portes,
Sur les rives du Gange un général français
Devrait-il d'un bûcher tolérer les apprêts,
Pour venir un peu tard, lentement magnanime,
Du milieu de la flamme enlever la victime?
Auteurs qui recherchez, pour séduire nos yeux,
D'un stérile appareil l'éclat fastidieux,
Melpomène a besoin d'effets plus énergiques;
Étalez à grands frais vos parades tragiques
Sur ce brillant théâtre aujourd'hui profané
Où Franconi succède à Quinault détrôné.

Un défaut puéril, en dépit du poëte,

Vient gâter quelquefois la pièce la mieux faite,
Quand un peintre moderne, un antique sculpteur,
Mal à propos inspire ou l'actrice ou l'acteur.
O vous ! qui nous offrez une toile vivante,
Des héros que la scène à nos regards présente,
Pourquoi disputez-vous aux acteurs des tréteaux
Le soin de copier d'immobiles tableaux ?
On ne vit pas Clairon, par une oisive étude,
De la Diane antique affecter l'attitude :
Et Lekain retraçait aux spectateurs émus
Vendôme, Achille, OEdipe, et non l'Antinoüs.
D'autres ont cru mieux faire, et le théâtre en France
A des arts du dessin trop senti l'influence ;
Mais par eux à son tour le théâtre imité
Énerve leur vigueur, corrompt leur pureté.
Tantôt la toile indique et rend mal une scène ;
Tantôt le peintre assiste aux jeux de Melpomène,
Et, des acteurs en vogue étudiant les traits,
Dans ses tableaux d'histoire esquisse leurs portraits :
Je reconnais le port, l'œil, le maintien, le geste ;
Oreste n'est point là, c'est Talma dans Oreste.
Peintre heureux de Sextus, retrempez vos pinceaux
Aux sources d'Hippocrène, en ces fertiles eaux
Où les arts inventeurs vont puiser le génie,
Et remontez encor sur les monts d'Aonie !

Sans un débit heureux, dans la chaire, au sénat,
Un orateur habile obtiendrait peu d'éclat :
Tel que l'acteur tragique, il s'émeut, il déclame,
Dans sa voix, dans son geste, il fait passer son âme ;
Mais il a d'autres tons, comme un autre pouvoir :
Et Polus, illustré par le don d'émouvoir,

N'allumait pourtant pas au théâtre d'Athènes
Les foudres éclatans que lançait Démosthènes.
Dans Rome, Cicéron, qui vanta Roscius,
Déclamant les vers lourds de l'antique Ennius,
D'accens plus solennels armait son éloquence
Pour confondre le crime et sauver l'innocence.
Il avait devant lui les dieux de Scipion,
Caton vivant encore, ou l'ombre de Caton;
Rome animait sa voix, enflammait son visage :
Il n'était point acteur, il était personnage,
Quand, d'un préteur coupable accusant les forfaits,
Il vengeait la Sicile et flétrissait Verrès ;
Quand des fiers conjurés il domptait la furie ;
Quand on le proclamait père de la patrie;
Quand il faisait tomber des mains du dictateur
L'arrêt qui dans l'exil traînait un sénateur ;
Et quand, d'honneurs chargé, le vieillard consulaire
Bravait d'un triumvir l'homicide colère.
Aussi pompeux, plus haut, moins pur que Cicéron,
Bossuet parmi nous n'imitait point Baron,
Lorsque, du grand Henri célébrant la famille,
Il pleurait de Stuart et l'épouse et la fille ;
Ou lorsqu'au grand Condé, qui ne l'entendait plus,
De ses derniers accens il offrait les tributs.
Il plaçait dans les cieux la chaire évangélique ;
De là, faisant tonner sa voix apostolique,
Agitant du cercueil le lugubre flambeau,
A côté de vingt rois descendus au tombeau,
Voyant les fils des rois qui devaient y descendre,
Et le pouvoir debout près du pouvoir en cendre,
Par ces graves objets à la fois inspiré,
De princes, de héros, et de deuil entouré,

Sans cesse il accablait son royal auditoire
Du vide des grandeurs, du néant de la gloire.

On ne voit pas non plus un acteur excellent
Aux tons de l'orateur asservir son talent.
Humble, fier, emporté, doux, gracieux, austère,
Du rôle qu'il déclame il prend le caractère.
Que le jeune homme en tout diffère du vieillard,
Ce n'est pas là sans doute un grand effort de l'art,
La nature est plus riche : et, dans les mêmes âges,
Diverses passions parlent divers langages.
On doit par le débit exprimer tour à tour
La joie ou la douleur, la vengeance ou l'amour.
C'est peu : sur le théâtre, ainsi que dans la vie,
Des mêmes sentimens l'expression varie :
Il faut que de Cinna je distingue Brutus,
L'amoureux Xipharès de l'amoureux Titus,
Ladislas de Vendôme, et tous deux d'Orosmane;
Hermione est jalouse autrement que Roxane;
Nous voyons Alvarès, Zopire et Fénélon,
Tolérans tous les trois, différer par le ton.
Voilà ce que Baptiste aura peine à comprendre,
Voilà ce que Monvel savait saisir et rendre,
De geste et de maintien changeant à volonté,
Dans chaque inflexion trouvant la vérité.
Un auditeur sensible au charme du génie,
S'il veut des vers bien faits entendre l'harmonie,
Y veut en même temps reconnaître toujours
L'accent de la nature et le ton du discours.
Dire en prose les vers est un métier barbare;
Les parler avec grâce est un talent très-rare.

Sur la scène française on ignora longtemps
De l'art de déclamer les principes constans :
Travestissant des vers que dicta Melpomène,
On chantait Rodogune, on fredonnait Chimène,
Et le lourd Montfleuri, glaçant les spectateurs,
D'Oreste au désespoir cadençait les fureurs.
Peintre, ami, confident, vengeur de la nature,
Molière, qui s'arma contre toute imposture,
Signalant au public les acteurs ampoulés,
Enseigna que les vers doivent être parlés.
Baron porta bientôt dans le débit tragique
Un accent toujours vrai, mais toujours héroïque :
Baron même, à l'exemple unissant les leçons,
De la voix d'Adrienne anima les doux sons :
Ils rendirent tous deux à l'élégant Racine
Et sa dignité simple et sa grâce divine,
A Corneille embelli son nerf et sa hauteur ;
Et l'art de déclamer fut un art enchanteur.

Un autre abus survint ; c'est l'habitude en France
Où des faux connaisseurs la superbe ignorance
De son domaine étroit s'évertue à sortir,
Et brouille tous les arts, faute de les sentir.
Chanter la tragédie était passé de mode ;
Déclamer l'opéra parut neuf et commode.
D'une muse étrangère en vain les doux accens
Pour émouvoir le cœur savaient charmer les sens :
On allait parmi nous, du moins l'osait-on croire,
Sur l'opera toscan remporter la victoire :
Mais dans l'Europe entière il est encor chanté ;
Tandis que chez nous seuls le vulgaire entêté
Préfère à l'élégante et douce mélodie

D'un plain-chant mesuré la triste psalmodie,
Où nos jurés crieurs prolongent les éclats
Qu'un orchestre éternel soutient avec fracas.
Ce système naquit au milieu des injures,
Quand, pour être aperçus, les faiseurs de brochures,
Subalternes appuis de l'opéra français,
Des foyers, des cafés rédigeaient les décrets,
Étudiaient la gamme ; et, d'un ton didactique,
Aux maîtres d'Italie enseignaient la musique.

Dût-on scandaliser nos demi-beaux esprits,
L'Italie eut toujours et conserve le prix.
Chez l'épais Phrygien si Midas en délire
Osa le décerner à l'impudent satyre,
Raphaël, mieux instruit, peignant le saint vallon,
Mit l'archet immortel dans la main d'Apollon.
Le savant Duranto, Jomelli, Pergolèse,
L'auteur italien de la Didon française,
Cet élégant Sarti qu'illustra Sabinus,
Le Cygne à qui l'on doit OEdipe et Dardanus,
De Nina, d'Elfrida le chantre plein de grâce,
Celui non moins parfait d'Artémise et d'Horace,
Par un même génie à la fois inspirés,
Du Tage à la Newa sont encore admirés.
Gluck, aspirant chez nous à des succès faciles,
Grand maître environné d'écoliers indociles, [lois,
Trouvant des gosiers lourds, formés aux chants gau-
A des sentiers du goût dévié quelquefois :
Mais Naples, mais Florence, accueillant sa jeunesse,
Avaient jadis vanté sa lyre enchanteresse,
D'Alceste qui se meurt modulant les adieux,
Et d'Orphée aux enfers les pleurs mélodieux.

CHANT I. 147

Là, sans charlatanisme, au goût toscan fidèle,
Près des cygnes toscans Gluck est resté modèle.
Le chant donne la vie à ces brillans accords
Dont Mozart avec choix dispensa les trésors ;
Les effets que Méhul habilement combine,
Ressortent par le chant qui plaît dans Euphrosine ;
Et le chant soutiendra ce Grétry si fécond,
Qui n'est pas, j'y consens, harmoniste profond,
Mais dont la mélodie ingénieuse et vive
Est de nos sentimens l'expression naïve.
A l'opéra français que tout mauvais chanteur
Devienne en déclamant un plus mauvais acteur,
Ailleurs, que les deux arts conservent leur puissance ;
L'un, ses beautés sans nombre et sa riche élégance,
Ses chants toujours heureux dans leur diversité ;
L'autre, son débit noble avec simplicité ;
Que Crescentini chante, et que Talma déclame :
Plus ils sont différens, plus tous deux vont à l'âme ;
Dans leur sphère tous deux s'étendent sans écart :
L'art suffit au talent qui suffit à son art.

En un drame muet notre scène lyrique,
Unissant quelquefois la danse et la musique,
Les gestes figurés, les tableaux gracieux,
Sans occuper l'esprit, sait amuser les yeux.
La pantomime est due à l'antique Italie,
Où même elle éclipsa Melpomène et Thalie.
Élégant traducteur, Térence avait en vain
De Ménandre avec goût chaussé le brodequin ;
Varius par Thyeste, Ovide par Médée,
Du cothurne des Grecs en vain donnaient l'idée :
Rome entière, et, comme elle, Auguste et Mécénas

D'émules plus chéris épousaient les débats ;
Pylade balançait Varius et Virgile,
Et l'oppresseur d'Ovide a protégé Bathile.
D'abord le nouvel art, au théâtre exercé,
Par ses maîtres nombreux fut bientôt professé :
Au sénateur oisif et lourdement frivole
Il fallut qu'un décret interdît leur école.
La scène en factions divisa les Romains,
Arma des bleus, des verts, les imprudentes mains :
Deux fois la Macédoine, en désastres féconde,
Avait vu leurs aïeux risquer le sort du monde ;
Les enfans des consuls et des triomphateurs
Sans honte combattaient pour le choix des acteurs.
Au ridicule aspect de ces partis aux prises,
Soit que Néron craignît de nobles entreprises,
Et le soudain réveil des peuples enhardis,
Soit qu'il voulût punir ses rivaux applaudis,
On vit les histrions chers à Rome en délire,
Bannis par l'histrion qui gouvernait l'empire :
Mais sous d'autres tyrans ils furent rappelés,
Enivrés de faveurs, de richesse accablés ;
Et Rome, au sein des jeux se consolant des crimes,
Veuve de ses héros, chanta ses pantomimes.
Sans être aussi fameux, mais sans troubler l'État,
Les nôtres à leur art ont donné quelque éclat.
Varié, séduisant, cet art est fait pour plaire,
Lorsqu'il n'affecte point un essor téméraire.
Jusque dans les ballets il faut de la raison.
Je n'aime point à voir les enfans de Jason,
Égorgés en dansant par leur mère qui danse,
Sous des coups mesurés expirer en cadence.
Si le sort a choisi les trois frères romains

Pour combattre en champ clos les trois frères albains,
Sied-il qu'en terminant cette lutte homicide
Du sort d'Albe et de Rome un entrechat décide ?
Non ; respectez le goût : c'est ce que fait Gardel.
Noverre, sur un art qu'il crut universel,
Du ton le plus auguste endoctrinant l'Europe,
Eût fait danser Joad, Phèdre, et le Misanthrope.
Oh ! combien il vaut mieux, loin de ces grands objets,
Borner la pantomime à d'aimables sujets ;
Tracer à nos regards quelque fable charmante :
Psyché qu'Amour chérit, et que Vénus tourmente ;
Zéphire épris de Flore, ou Pâris enchanté
Décernant à Vénus le prix de la beauté !
Là, rien d'ambitieux : c'est là que Terpsichore,
Sans parole, sans voix, sait nous parler encore :
D'autres avec les mots sauront tout exprimer ;
D'autres nous instruiront : elle doit nous charmer.
Le tableau des travers de l'humaine nature,
Ou de nos passions l'énergique peinture,
Des Muses qu'on révère au théâtre français
Exigent la puissance, et fondent les succès.

La musique embellit l'ouvrage du poète ;
Mais, compagne orgueilleuse, et souvent indiscrète,
On l'a vue, écoutant un bizarre travers,
Au joug de sa cadence assujettir les vers.
Auteurs, n'enfreignez plus des règles légitimes.
Vous rimez en français : il faut que dans vos rimes
Les sexes différens se montrent tour à tour :
L'oreille impatiente appelle leur retour.
Dans la forme des vers neuf syllabes rangées
Font des lignes en prose, et de rimes chargées.

Si Quinault pour Lulli, Voltaire pour Rameau,
Usèrent quelquefois de ce mètre nouveau,
Racine, plus fidèle au rhythme poétique,
Renouvelant ces chœurs qu'aimait la scène antique,
Sut offrir, en des vers faits pour être chantés,
Et la rigueur de l'art, et toutes ses beautés.
Les dieux, soumis au frein de leur langue choisie,
N'oseraient altérer l'auguste poésie.
A cet art souverain sachez donc obéir :
Il doit donner des lois, et non pas en subir.

La nature a partout placé des intervalles.
Vous n'allez pas sans doute aux tulipes rivales,
Dont l'amateur batave assortit les couleurs,
Demander les parfums de la reine des fleurs :
A la vigne où mûrit la grappe transparente,
Le fruit qui ralentit la course d'Atalante ;
L'ombrage des forêts au saule ami des eaux,
Ni la vigueur du chêne aux flexibles roseaux.
Le bœuf laborieux qui féconde la terre
Abandonne au coursier les travaux de la guerre ;
Le cerf, au pied rapide, au front majestueux,
Franchissant les taillis par bonds impétueux,
A la valeur des chiens rend un paisible hommage ;
Le paon, qu'enorgueillit l'éclat de son plumage,
Laisse le rossignol de sa touchante voix
Charmer durant les nuits le silence des bois ;
Et le cygne, unissant la grâce et la noblesse,
Roi du lac argenté, s'y baigne avec mollesse,
Sans vouloir conquérir sur l'aigle audacieux
Ou la cime des monts, ou la plaine des cieux.
La beauté s'enlaidit de beautés étrangères :

CHANT I.

Dans les regards malins des dryades légères
Ne cherchez point d'Hébé les attraits ingénus :
Minerve imite mal le souris de Vénus.
Les dons sont partagés, la nature infinie
Sépare les objets qu'elle étale au génie.
Séparez donc les arts; ces brillans créateurs
Ne peuvent-ils régner sans être usurpateurs ?
Talens formés pour eux, la gloire vous contemple :
Quel que soit le chemin qui vous mène à son temple,
Vous tous qui prétendez, honorables rivaux,
Léguer à l'avenir vos noms et vos travaux,
Songez-y, la nature est votre seul modèle :
L'art, s'il imite un art, est déjà trop loin d'elle.

Fragmens des autres Chants.

Ce style me charmait, mais ce n'est point le vôtre :
Il me déplait chez vous : c'est la grâce d'un autre.
Même air, même maintien ne convient pas à tous.
C'est Racine, dit-on. Ce n'est ni lui, ni vous :
C'est d'un brûlant modèle une froide copie ;
C'est le corps d'un géant, mais on me l'estropie.
A-t-on vu le Poussin, nivelant ses tableaux,
Aux pinceaux du Corrége asservir ses pinceaux ?
Dans les discours d'Énée entendez-vous Achille ?
Sophocle a-t-il suivi les vestiges d'Eschyle ?
A n'être jamais soi qui peut s'humilier
Ne deviendra jamais qu'un fort bon écolier :
Imiter à propos veut beaucoup de science...

Tels sont de l'Hélicon les secrets importans :
Ainsi les grands esprits, flambeaux des premiers [temps,
Ont prêté leur lumière à ceux des derniers âges :
Latins, Français, Anglais, tous ont dans leurs ou-
De leurs prédécesseurs introduit les beautés, [vrages
Fruits conçus une fois et deux fois enfantés.
Ainsi, parmi les fleurs d'Homère et de Lucrèce,
S'enrichissait Virgile, abeille enchanteresse.
Ainsi Rousseau, Malherbe, et Pope et Despréaux,
Sur les accords d'Horace ont fait des chants nouveaux ;
Et Racine, éveillant les tragiques alarmes,

Fut vainqueur d'Euripide en lui volant ses armes.
Ne vous tourmentez point du scrupule insensé
De ne penser jamais ce qu'un autre a pensé.
Ils ont tous imité : je veux qu'on les imite.
Mais craignez toutefois de passer la limite ;
Ne devenez point eux : pour être leur égal,
Même en les imitant, soyez original.

Loin de moi cet auteur à l'oubli condamné,
D'un stupide engoûment héros momentané.
La faveur de son siècle est tout ce qu'il adore.
Il faut plaire à son siècle ; et ce n'est rien encore.
Pour vivre célébré dans un long souvenir,
Redoutez le présent, le passé, l'avenir.
Redoutez, non ces cris, non ces langues ingrates,
De tous les Apollons ces impurs Érostrates :
D'autres mortels sont faits pour juger vos travaux :
Voyez toujours Homère et ses nobles rivaux :
Les chantres de Didon, d'Herminie, et d'Alcine,
Et Corneille, et Sophocle, et ce divin Racine ;
Ceux qui, de votre temps, ont pu leur ressembler,
Et ceux qui, quelque jour, les doivent égaler.
Entendez de leurs yeux le langage sévère.
Corrigez, effacez ce qui peut leur déplaire,
Tous les vers, tous les mots dont ils seraient honteux :
Et, plein de leur génie, écrivez devant eux.

Un succès suffira, s'il est fondé surtout :
Et vous verrez bientôt pleuvoir au nom du goût

Quelque libelle heureux, quelque honnête satire,
Chefs-d'œuvre que l'on croit, et même sans les lire ;
Journaux, et petits vers dans les journaux loués,
Oracles du public, et du public hués,
D'une ignorante haine enfantemens stériles.

Lisez pourtant, lisez nos modernes Zoïles,
Les Frérons, les Auberts, et jusques aux Charnois :
A leur fatras stupide on les a vus parfois
Mêler, sans y songer, une docte parole :
Certain troupeau d'oisons sauva le Capitole :
Ne l'oubliez jamais ; et, pour bien des raisons,
Prêtez toujours l'oreille aux clameurs des oisons.
De Valère et d'Hector supportez l'ignorance,
Ou bien de quelque Agnès la naïve impudence.
Est-il bien vrai ? Lisette, après avoir quitté
Les bras d'un sot amant qui paya sa beauté,
Juge en dernier ressort Idamé, Pénélope ;
A peine hors du sac où Scapin l'enveloppe,
Géronte, encor tremblant, flétri sous le bâton,
Cite à son tribunal Mithridate ou Caton.
Si quelque bon esprit, sans fard, sans complaisance,
De l'étrange sénat prêchait l'insuffisance,
Mon Dieu ! lui dirait-on, c'est prendre un vain souci ;
Du temps de Pellegrin cela s'est fait ainsi ;
C'est la loi, c'est l'usage, il y faut satisfaire,
Et Poisson décidait des talens de Voltaire.

Dans le calme des nuits, toi que la gloire éveille,
Qui, brûlant d'égaler et Racine et Corneille,

Médites à loisir de durables succès :
A peine tu verras, au gré de tes souhaits,
Ton généreux espoir et ta muse applaudie;
Bientôt, n'en doute pas, l'ignoble parodie
Va lancer contre toi ses traits mal aiguisés,
Railler les plus beaux vers platement déguisés ;
Odieux instrument des fureurs de l'envie,
Peut-être déchirer ta personne et ta vie ;
Te noircir des venins de sa malignité,
Ou t'insulter encore avec aménité.
Dans son flegme important, qu'un autre aille te dire
Que de ces jeux malins, le premier, tu dois rire ;
Crois-moi, ne ris jamais d'insipides bons mots ;
Mais ne t'en fâche point, et méprise les sots.

DISCOURS
SUR
Les Poëmes descriptifs.

Le Pinde a vu des jours en talens plus fertiles ;
Des lois y séparaient les genres et les styles ;
Et les chantres fameux s'empressaient d'obéir
A ces lois du bon sens, du goût et du plaisir.
Sa trompette à la main, l'héroïque Épopée
Célébrait les exploits, les crimes de l'épée ;
Simple avec majesté, la Tragédie en pleurs
Consacrait dans ses vers les illustres malheurs ;
L'aimable Comédie, au sourire pudique,
Offrait à nos travers son miroir véridique ;
L'Ode mélodieuse, et chantant tour à tour
Les dieux et les festins, les héros et l'amour.
Aux élans du Génie abandonnait sa lyre ;
Le ridicule heureux d'une utile Satire
Flétrissait les méchans, humiliait les sots ;
Et la Description, se plaçant à propos,
A ces genres divers sobrement départie,
Venait dans chaque tout former une partie.
Aujourd'hui, nous dit-on, c'est un genre nouveau :

Des grimauds impuissans, dont jamais le cerveau
N'a saisi les contours d'un sujet noble et riche,
D'une image stérile enflent chaque hémistiche,
Sur un papier rebelle, et d'un esprit glacé,
Riment avec effort ce qu'un autre a pensé,
De vingt compilateurs compilent les merveilles,
Assomment le public endormi par leurs veilles :
Et chacun d'eux, vanté sans mesure et sans choix,
Devient dans un journal le grand homme du mois.

L'un poëte ignorant, mais botaniste habile,
Dans la rose ou l'œillet comptant chaque pistile,
Oubliant les parfums, négligeant les couleurs,
A l'aide de Jussieu rime un traité des fleurs.
L'autre, d'un air niais qu'il prend pour de la grâce,
En pleine basse-cour établit son Parnasse,
Ronfle avec l'animal aux Hébreux défendu,
Nasille avec l'oison dans sa mare étendu,
Et, toujours au bon goût alliant l'harmonie,
Glousse avec les dindons, ses rivaux en génie.
Un bruit soudain s'élève aux marais d'Hélicon.
D'où vient-il ? Un Orphée, argonaute gascon,
Sur la foi de Giguet, et non pas de Zéphire,
Va courir l'Océan sans boussole et sans lyre.
Mais, lourd ménétrier, tremblant navigateur,
Il trompera l'espoir de Giguet l'armateur :
Il n'ira point creuser les mines de Golconde ;
Ne le soupçonnez pas de découvrir un monde ;
Sans même avoir l'honneur d'être battu des flots,
Le chantre monotone endort les matelots,
Et, dans un calme plat faisant tous ses naufrages,
Traverse avec l'Ennui de stériles rivages,

Jusque sous l'équateur va porter les hivers,
Et gravit sur des monts moins glacés que ses vers.

Ne sachant se borner, la Sottise étourdie
Voit dans chaque matière une encyclopédie :
Elle offre en un sujet tristement allongé
Du monde en raccourci l'éternel abrégé,
Et, s'égarant toujours, toujours plus en arrière,
Croit, en quittant la route, étendre la carrière.
Tel on vit autrefois le Marseillais Dulard,
Riche en mots superflus, et maître d'Esménard,
Sur les œuvres de Dieu broder un long ouvrage :
Ainsi que les Gascons les Marseillais font rage.
S'il avait voulu plaire, il eût manqué son but ;
Il était sûr au moins d'opérer son salut.
Il ennuya; d'accord : tout rimailleur apôtre
Use amplement du droit d'ennuyer plus qu'un autre ;
Béni par les croyans quand ses vers sont maudits,
S'il ne monte au Parnasse, il monte en paradis.
Pour vous, auteur profane, en un sujet fertile
Fuyez des longs discours l'étalage inutile.
L'éloquent écrivain n'est jamais babillard :
Qui sait beaucoup dit peu, mais choisit avec art ;
Qui ne sait rien dit tout, hors ce qu'il fallait dire.
Et ne rirait-on pas du poëte en délire
Qui, chantant le bel art par l'Amour inventé,
Et qu'au point le plus haut Raphaël a porté,
Au lieu de peindre aussi nous déduirait par liste
L'école, les travaux, le nom de chaque artiste;
Et, poursuivant au Louvre, une plume à la main,
Titien, Michel-Ange, et Rubens, et Poussin,
Épuisant Gérard Dow, Miéris, et Van Ostade,

N'osant nous épargner la moindre bambochade
Copiste sans génie, et même sans pinceaux,
Du Muséum entier rimerait les tableaux?
Que le Pinde français laisse à la Germanie
Du genre descriptif l'insipide manie;
Thompson, chez les Anglais, l'a sans doute illustré,
Et son vers, toujours noble, est souvent inspiré.
Un peu froid, mais facile, harmonieux et sage,
Saint-Lambert peignit moins, et pensa davantage,
Et Delille, égalant ces heureux écrivains,
Sur le ton didactique a chanté les jardins.
On retrouvait encor l'élève de Virgile :
Si même il a depuis, plus recherché qu'habile,
Étalé dans ses vers le prestige éclatant
D'un feu qui, sans chaleur, s'évapore à l'instant,
Jaillissant quelquefois, après mainte bluette,
Un beau trait nous enflamme, et révèle un poète.
Quant aux plats écoliers, qui, dans leurs plats essais,
Vont décrivant toujours et ne peignant jamais,
Nisas peut les guinder au-dessus des archanges;
Mais, trébuchant bientôt sous le poids des louanges,
Ils iront dans l'oubli rejoindre sans retour
Les romans de Fiévée, et les vers de Baour.
Amans, dignes amans des filles de Mémoire,
Qui dédaignez la vogue, et chérissez la gloire,
Préservez vos écrits de ce goût insensé
Produit par l'ignorance, et par elle encensé.
Ce n'était pas ainsi que l'élégant Virgile
Chantait l'art d'obtenir une moisson fertile,
Sous quel astre à la vigne il faut unir l'ormeau,
Par quels soins le pasteur conserve son troupeau,
Et comment se maintient dans sa ruche agitée

Le peuple industrieux, délices d'Aristée.
Ce n'était pas ainsi que l'Horace français,
Du Pinde à ses rivaux facilitant l'accès,
Respectant à la fois le sens et l'harmonie,
Frappait ces vers heureux, proverbes du génie,
Et qui, de bouche en bouche en naissant répétés,
Lus, relus mille fois, sont encor médités.

LA LETTRE DE CACHET [*].

CONTE.

Dans les beaux jours de Louis quatorzième,
Un jeune objet qu'eût aimé l'Amour même,
Grâce à l'hymen, partageait le destin
D'un Franc-Comtois, comte de Valespin.
L'époux, major au service d'Espagne,
Laisse à Paris sa gentille compagne
Dix mois entiers ; un oisif de la cour
Le remplaça : quand au son du tambour
Le bon major, zélé pour le service,
A Besançon commandait l'exercice,
Sans bruit aucun la belle au sein des nuits
Cueillait des fleurs qui promettaient des fruits.
Rien n'étoit su : trois semaines encore,
Et, déjà mûrs, ces fruits allaient éclore.
Chez elle un jour elle rentrait le soir :
Quel contre-temps ! et que le trait est noir !
De Besançon certaine lettre arrive :
Et son époux par la tendre missive
Lui fait savoir qu'il presse son retour :

[*] Voyez Voltaire, Siècle de Louis XIV, article Lainez en Livret.

Le lendemain, vers le déclin du jour,
Il reverra sa femme tant aimée.
D'un tel espoir la belle peu charmée,
Lit et relit, se couche, et ne dort pas.
Que faire? il faut se tirer d'un tel pas.
Mais le peut-on? Comment? Quel parti prendre?
De grand matin, ne sachant qu'entreprendre,
Elle est debout : de modestes apprêts
Sans les couvrir relèvent ses attraits;
En négligé, mais avec élégance,
Elle va voir, pour cas de conscience,
Un ami sûr, un profond magistrat,
Monsieur Lénet, le conseiller d'État.

Elle dit tout d'un air de prud'homie,
S'intéressant pour une tendre amie
Qu'elle excusait, sans l'approuver pourtant.
Mais la plus sage en aurait fait autant.
Le mari loin! puis la jeune imprudente
A dix-huit ans, et le mari quarante!
Elle parlait en baissant ses beaux yeux,
Et parlait bien : Lénet l'entendit mieux.
Pour le beau sexe il était honnête homme.
Lisait Cujas et parcourait Brantôme,
Savait le droit sans ignorer l'amour,
Et connaissait les usages de cour;
Un peu malin, mais avec politesse,
Si bien il fait que l'aimable comtesse
Voit, reconnaît, révère la douceur
D'un indulgent et discret confesseur,
A son langage aisément se façonne,
Et, renonçant à la fierce personne,

«Oui, lui dit-elle, oui, j'approuve bien fort
»Celui qui dit : Absens, vous avez tort.
»Mais pas toujours : n'en déplaise à l'adage,
»Mari présent peut l'avoir davantage.
»Le bien est mal, s'il vient hors de saison.
»Mon cher époux entendra-t-il raison ?
»Que dira-t-il quand je vais être mère
»De cet enfant dont il n'est pas le père ?
»Bien pourrait-on le lui donner gratis
»En invoquant la loi *Pater est is*;
»Mais Valespin n'y verrait qu'une insulte :
»Un militaire est peu jurisconsulte.
»Dès ce soir même il arrive en ces lieux ;
»Voyez, pensez, réglez tout pour le mieux.
»—Penser, Madame ! eh ! c'est une vétille,
»Répond Lénet, nous avons la Bastille :
»Le cher époux peut y coucher ce soir ;
»Les lits sont bons. S'il demande à vous voir,
»On lui dira que, pour certaine cause,
»A son désir l'ordre du roi s'oppose.
»Cet ordre-là peut se lever un jour :
»Délivrez-vous ; chacun aura son tour. »
Elle rougit, fit un peu l'éplorée,
Sourit bientôt, et partit rassurée.

Or, en ce temps, le pays franc-comtois
Des Espagnols reconnaissait les lois.
Il s'agissait d'un cas diplomatique,
Lénet le vit, et du roi catholique
Alla trouver le grave ambassadeur,
Qui, rassemblant toute sa profondeur,
Crut que la paix dite des Pyrénées

N'avait en rien interdit ces menées.
Considérant l'urgence du traité,
Il se rendit près de Sa Majesté.
Le jeune roi balança sur l'affaire ;
Il consulta madame Anne sa mère,
Et Mazarin. Le Scapin cardinal
Dit oui, trouva le tour original,
Le moyen bon, la comtesse jolie,
Et prononça le juron d'Italie.
Anne, d'un air noblement compassé,
Ne dit pas non ; mais « Qui l'aurait pensé ?
» Moi qui croyais à la vertu des femmes !
» Allons, mon fils, sauvez l'honneur des dames. »
Le roi, docile à ce prudent décret,
Signe en riant la lettre de cachet.

Elle est partie. Un exempt, drôle habile,
Attend son homme aux portes de la ville.
Le jour baissait : des nuages dorés
Couvraient déjà les cieux moins éclairés.
L'époux, ravi d'achever son voyage,
Avait passé l'hérétique rivage
Où Claude un jour, se laissant convertir,
Fut confesseur pour n'être point martyr.
Le postillon touchait à la barrière ;
De la voiture on ouvre la portière ;
C'était l'exempt : des mains de ce brutal
L'époux reçoit le billet doux royal :
A la Bastille, où sa chambre était prête,
Il est conduit en ce dur tête-à-tête,
Fort étonné que le roi très-chrétien
Lui fît l'honneur de le loger pour rien.

Le commandant vint lui rendre visite.
«Monsieur, dit-il, je vous en félicite.
»De ce logis vous serez enchanté;
»Nul château fort ne l'égale en beauté.
»Feu Charles cinq, si bien nommé le Sage,
» Orna Paris de ce superbe ouvrage.
»Fossés profonds, huit tours d'une hauteur...!
»Et dont les murs ont dix pieds d'épaisseur.
»— L'endroit est beau ; mais ne puis-je connaître
»Pourquoi j'y suis?— C'est le secret du maître,
»Ou d'un ministre; ainsi nul embarras.
»— Ma femme au moins pourra venir...— Non pas:
»On le défend. C'est fâcheux ; mais du reste
»Vous serez bien, très-bien ; je vous proteste
»Qu'en ce beau lieu chacun vit satisfait.
»Point d'étiquette ; on est libre, on s'y plaît.
»On peut penser; on ne peut pas écrire;
»En récompense on lit, quand on sait lire.
»J'ai les sermons du bon père Maillard,
»Un gros recueil des airs du Savoyard,
»Tous les sonnets du sieur de Benserade,
»Ses rondeaux même, aussi sa mascarade.
»De voir Paris vous étiez curieux :
»Sur le donjon vous le verrez bien mieux.
»C'est un air pur! un si beau point de vue!
»Oh! la campagne est là d'une étendue...!
»Et toute en fleurs, car voici le printemps.
»Amusez-vous; donnez-vous du bon temps. »

Ayant fourni ces grands traits d'éloquence,
Le commandant tira sa révérence.
Il sort: le bruit des verrous effrayans

Dans les cachots se prolonge longtemps.
Tel gronde au loin de caverne en caverne
L'horrible cri du clairon de l'Averne,
Lorsque Satan veut contre les élus
Armer en vain ses bataillons cornus.
Anéanti dans sa douleur profonde,
Loin d'une épouse, hélas! et loin du monde,
Le Franc-Comtois trois jours se morfondit,
Se parla seul, et seul se répondit;
Pleura, crut voir les larmes de sa femme,
La consola, répondit pour la dame,
Le jour d'après grimpa sur le donjon,
Le jour d'après voulut lire un sermon,
Dormit un peu, s'ennuya davantage,
Jura longtemps, puis s'arma de courage.

Tandis qu'il traîne en ces divers ennuis
Des jours sans fin, d'interminables nuits,
Secrètement sa fidèle compagne
Avec décence accouche à la campagne
D'un bel enfant regretté par l'amour,
Qui le vit naître et mourir en un jour.
Envers Lucine une fois qu'elle est quitte,
A son époux elle songe au plus vite;
Car c'est l'usage; et femmes de Paris
Savent tromper, mais servir leurs maris.

Près de deux mois l'excédé solitaire
Avait gémi dans sa cellule austère.
Le commandant vient lui dire un beau soir,
La larme à l'œil, et comme au désespoir:
« Monsieur le comte, on en veut placer d'autres;

»J'aurais voulu vous voir longtemps des nôtres,
»Je l'espérais; mais voilà qu'aujourd'hui
»Le roi renonce à vous loger chez lui.
»Accusez-en le crédit de madame.
»Elle a tant fait! tant remué! — Ma femme?
»Qu'elle est aimable! et que je suis content!»
Il dit, s'élance, et décampe à l'instant.
Un char doré qui l'attend à la porte
Dans un hôtel aussitôt le transporte;
Il monte, il trouve un souper préparé,
Et tout un cercle élégamment paré.
Ce ne sont plus les ténébreux abîmes
Où le caprice a caché ses victimes,
Le vieux donjon, les sourcilleuses tours;
Mais son épouse en ses plus beaux atours,
Sa jeune épouse, et vingt femmes charmantes,
Vingt courtisans aux formes prévenantes;
Amis! pas trop; mais parlant d'amitié:
Monsieur Lénet n'était pas oublié.
Ainsi l'on voit sur la scène magique
Où l'on conspire, où l'on aime en musique,
Une cité remplacer des déserts,
Et tout l'Olympe au sortir des enfers.

L'époux fut gai, gais furent les convives,
Le souper fin, les caresses très-vives;
Pope l'Anglais aurait dit: Tout est bien.
Lénet conta que le roi très-chrétien
Était prudent, équitable et sensible
Mais que le pape était seul infaillible;
Que le monarque avait été surpris
Par ses agens; que l'on s'était mépris;

Qu'il se faisait chaque jour des mécomptes ;
Que dans le monde il existait deux comtes,
L'un franc-comtois, et l'autre limousin,
Tous deux portant le nom de Valespin ;
Que cette fois Besançon, par mégarde,
Avait payé pour Brive-la-Gaillarde.
Il parlait d'or ; et le bon Franc-Comtois,
Fêté, choyé, sablant le vin d'Arbois,
Crut fermement ce qu'il entendait dire,
En rit beaucoup, mais fit beaucoup plus rire.
Ce qui vaut mieux, pour dédommagement
Du roi d'Espagne il eut un régiment.
A la comtesse il dut ce bon office :
Dans le grand siècle on aimait la justice.

Il fut cocu, prisonnier et content.
Du cocuage il n'apprit rien pourtant ;
Car son épouse était femme discrète.
Longtemps après, l'aventure secrète
Fit quelque bruit dans l'une et l'autre cour ;
Paris la sut, la province eut son tour.
On loua fort, comme avisés et sages,
Le roi, sa mère, et tous les personnages ;
Et pour former les filles de Saint-Cyr,
L'abbé Choisy promit qu'à son loisir
Il en ferait narration piquante
Sous le beau nom d'Histoire édifiante.

Le Maître Italien.

CONTE.

Aux environs des mers de Germanie,
Tout près de l'Elbe, et non loin de Hambourg,
Se trouve un lieu qu'on nomme Lunébourg.
Cité fameuse, et berceau du génie.
C'était le temps où nos preux chevaliers
Couraient, cherchant des murs hospitaliers,
Loin de la France et loin de leur famille.
Depuis le jour à jamais détesté
Qui détruisit la saine liberté,
En renversant les murs de la Bastille.

M'est-il permis, entre tant de héros,
D'en choisir un, dont je dirai deux mots?
Nérac était le lieu de sa naissance;
Il avait nom le vicomte de Crac,
Homme à son gré de très-haute importance,
Cousin germain des barons d'Albicrac:
Sot, paresseux, ignorant comme un moine,
Ne sachant rien que le patois gascon,
Ne possédant de trésor que son nom;

Mais l'impudence était son patrimoine.
Dans l'Allemagne, il apprit en chemin,
Grâce au besoin, ce grand maître de langue,
Quelques lambeaux du langage germain.
Lui-même un jour se fit telle harangue
En son patois : « Eh donc ! que deviens-tu ?
»Sujet loyal, banni par ta vertu,
»Mourant de faim, tu vis dans l'espérance !
»Ne dois-tu pas un Dunois à la France ?
»Il faut songer à conserver Dunois.
»Si tu voulais enseigner ton patois ?
»L'enseigner, bon : la grande peine à prendre
»Est de trouver gens qui veuillent l'apprendre.
»Pour en sentir les charmantes douceurs,
»Ces Allemands sont trop peu connaisseurs.
»Mais l'Italie en ces lieux intéresse ;
»Car les Français, enragés roturiers,
»Dans ce pays font la guerre en courriers,
»Et des Germains vont battant la noblesse.
»De l'Italie on parle tout le jour :
»C'est Mondovi, c'est Dégo, c'est Plaisance,
»Lodi, Turin, Gênes, Milan, Florence,
»Rome !... et Nérac n'a jamais eu son tour.
»Tous ces barons dans la ville ébahie,
»Voudraient savoir la langue d'Italie.
»De ce jargon tu n'entends pas un mot ;
»Mais eux non plus, et tu n'es pas un sot.
»On va cherchant la langue originelle,
»La langue mère, unique, universelle :
»Plusieurs savans sont pour le bas breton :
»Non, cadédis, c'est le patois gascon.
»Puisqu'il le faut, qu'il déroge, et devienne

»Pour un moment la langue italienne.
»En te berçant, ta nourrice l'apprit
»Le gascon pur : eh donc ! l'affaire est bonne ;
»Tu fonderas une cité gasconne.
»Que c'est pourtant d'avoir un grand esprit !»

Dès le soir même, affiches dans la ville.
A LA NOBLESSE. *Un seigneur milanais,*
Forcé de fuir les jacobins français
Et dans ces murs fixant son domicile,
Veut enseigner langage qu'il sait bien :
Il a, pour ce, méthodes singulières ;
En quatre mois, écoliers, écolières,
Autant que lui sauront l'italien.

Notre héros tourne toutes les têtes ;
On se l'arrache aux soupers, dans les fêtes :
C'est une vogue, un bruit, un engoûment,
Une folie, une fureur si grande,
Qu'au bout d'un an cette ville allemande
Plus ne savait un seul mot d'allemand.
Chacun de rire aux folles incartades
Que prodiguait le comique héros :
Lui-même aussi publiait ses boutades ,
Lettres, billets, chansons, menus propos,
Discours pieux, virulens, emphatiques ,
Assaisonnés d'injures scolastiques,
Partout l'injure est style de dévots.
Plus, écrivit certain cours de lycée ;
Douze in-quarto resserraient sa pensée :
Grands écrivains sont avares de mots.
Il régentait la bonne compagnie

En toute chose ; il enseignait surtout
L'art d'acquérir esprit, talent et goût ;
Et des secrets pour avoir du génie.
Voire on prétend qu'aimant fort les secrets,
Mainte beauté, qui n'en fit rien connaître,
Prenait encor d'autres leçons du maître ;
Tant le mérite a de puissans attraits !

Quand de la sorte on fêtait le grand homme,
Près de ces lieux certain banquier de Rome
Vint à descendre : il quittait ses foyers,
Craignant de Paul la royale folie.
Couvert du sang des Sarmates altiers,
Le Moscovite aux vallons d'Italie
Portait le fer, la flamme, le trépas.
Son général, monsieur saint Nicolas,
S'était adjoint Suwarow, grand apôtre,
Tueur de gens, et saint tout comme un autre,
Lequel, suivi de ses nombreux guerriers,
Vainquit d'abord nos débris héroïques ;
Mais qui depuis, dans les champs helvétiques,
Par Masséna vit flétrir ses lauriers.
Or noterez que dans ces temps critiques,
Où le pouvoir luttait contre les droits,
Si des sujets fuyaient les républiques,
Des citoyens émigraient loin des rois.
Le voyageur détestait ces pontifes,
Tyrans cagots, plus rois que les Césars,
Il méprisait leurs dogmes apocryphes ;
Lettré d'ailleurs et grand ami des arts,
Fier ennemi du pouvoir arbitraire,
Toujours fidèle et cher à son parti,

Estimé, craint dans le parti contraire :
On l'appelait signor Aliberti.
Pour lui, bon Dieu, quelle route importune !
Hambourg l'appelle, à son regret cuisant,
Triste climat, séjour peu séduisant,
Mais le dépôt de toute sa fortune.
Il cheminait, le cœur sombre et dolent,
L'esprit rêveur, et souvent l'œil humide ;
Lisant, chantant ou les plaintes d'Armide
Ou les fureurs du paladin Roland :
De son pays regrettant les merveilles,
Les lourds châteaux des lourds barons germains
Ne brillaient pas devant ses yeux romains,
Et l'allemand charmait peu ses oreilles.
Dans un village en passant arrêté,
Le voyageur allait dîner : son hôte,
Joignant babil à curiosité,
Par le valet avait appris, sans faute,
D'Aliberti le nom, l'état, le bien,
Et le pays. « Monsieur, soyez tranquille,
»Dit le Germain, nous avons une ville
»Qui ne sait plus parler qu'italien.
»—De ces côtés ?—Sur la route, à sept mille.
»C'est Lunébourg.—Partons vite ; un courrier !
»—Dinez d'abord.—Non, mais je vais payer.
»—Soit.—Un courrier ! des chevaux ! ma voiture !
»Je n'ai plus faim : j'attendrai jusqu'au soir.»
Pendant la route, il semblait que l'espoir
Eût à ses yeux embelli la nature,
Au point qu'il fit l'éloge d'un coteau
Fermant les yeux lorsque, par aventure,
Il se trouvait près de quelque château.

«Rome, Florence, et Venise, et Ferrare,
»S'écriait il, la gloire en est à vous;
»Les astres purs qui brillèrent pour nous,
»Ont enfin lui sur ce climat barbare.
»Gloire immortelle à nos chantres heureux :
»Alighiéri, leur père et leur modèle ;
»Amant de Laure, et chantre digne d'elle,
»Vraiment poète et vraiment amoureux ;
»Grand Torquato, l'émule de Virgile;
»Lodovico, plus riche, plus habile,
»Plus grand peut-être, et dont l'art enchanteur
»Sait réunir la grâce et la vigueur,
»La raison saine et l'aimable délire;
»Rivaux d'Horace, et maîtres de la lyre,
»Chiabrera, Filicaia, Testi ;
»Noble Guidi, dont les strophes divines
»Depuis cent ans charment nos sept collines ;
»Fier Varéno, brillant Algarotti;
»Et toi, l'honneur de nos tendres musettes,
»Charmant Rolli, qui de tes chansonnettes
»Fis retentir les échos de Windsor;
»Et vous, qu'aima la muse au sceptre d'or,
»Touchant Maffei, élégant Métastase;
»Sur les hauteurs des deux sommets sacrés,
»Buvez l'encens, partagez mon extase,
»Unis aux dieux qui vous ont inspirés !
»Au bout du monde on peut encore entendre
»Votre langage harmonieux et tendre!
»J'avais besoin d'un plaisir aussi grand ;
»Je suis à jeun, bien las et bien souffrant.
»Ne plus vous voir, ô chefs-d'œuvres antiques !
»Ne rencontrer que des cités gothiques!

»Que Botzembourg! Lunébourg! Rotembourg!
»Et tout cela pour aller à Hambourg!
»Mais Lunébourg mérite au moins sa grâce:
»C'est un nom sec; il n'est point dans le Tasse;
»Le conserver serait un grand défaut:
»Lunopoli c'est le nom qu'il lui faut.»

Il arrivait, comme à la promenade
Tous les oisifs couraient se réunir;
Gens du beau monde ont vu de loin venir
Le postillon, chargé d'une ambassade.
On cherche, on trouve assez malaisément
Vieux érudit qui savait l'allemand.
«Plein du renom d'une cité polie,
»Dit l'interprète, et brûlant de la voir;
»Un habitant de la belle Italie
»Arrive exprès pour remplir un devoir.»
Chacun s'écrie: «Italien! qu'il vienne!
»Vivo, sandis, la langue italienne!»
Le cher vicomte, en un si mauvais pas,
Écoute, approuve, et ne se trouble pas;
Il est sans peur, s'il n'est pas sans reproche.
Aliberti modestement s'approche,
Fait compliment au bon peuple germain;
C'était partout des voyelles sonnantes,
Des mots choisis, des phrases élégantes,
Du pur toscan que parlait un Romain.
Des auditeurs l'étonnement extrême,
Quand il eut dit, l'étonnait fort lui-même.
Sans lui répondre, ils examinaient tous
Ses grands yeux noirs, sa noire chevelure,
Son nez romain, sa taille, son allure:

Puis se disaient : « Qu'est-ce ? l'entendez-vous ?
« Quel monotone et singulier langage !
» Italien ! Comment ! cet homme-ci !
» On s'est trompé. Que vient-il faire ici ?
» Son idiome est celui d'un sauvage. »
Bientôt le bruit, d'abord faible et confus,
Gagne, s'étend, s'accroît de plus en plus.
Le maître parle, et soudain grand silence.
« Cet étranger n'a pas le regard bon ;
» Vous le prenez pour un sauvage ? Non,
» Non : c'est plutôt un Jacobin, je pense ;
» Il est venu par la route de France,
» Et je crois bien qu'il a parlé gascon. »
Gascon ! la foudre en perçant les nuées,
La foudre même eût fait moins de fracas.
Figurez-vous les cris, les brouhahas,
Les quolibets, les ris à grands éclats ;
Sifflets aigus, effrayantes huées :
On se croyait aux pièces de Nisas.
« Gascon, sandis ! Gascon ! le misérable !
» Fuis, jacobin, carmagnole exécrable ;
» Eh ! cadédis, nous crois-tu des Gascons ? »
Vieillards, enfans, baronnets et barons,
Tout s'en mêlait, voire aussi les baronnes.
Au long assaut des injures gasconnes
Avec pitié le Romain réplique :
Oh ! che bruti ! che razza tedesca !

Vite arrivé, parti plus vite encore,
Aliberti plaignait ces pauvres gens :
Il s'écriait : « Quels pays indigens !
» Ils ont des fous et n'ont pas d'ellébore. »

CONTE.

A Lunébourg le vicomte enchanté
Reste vainqueur et toujours plus fêté :
Mais en Gascogne il avait lu l'histoire.
Que de héros, flattés par la victoire,
Furent vaincus dans un dernier combat !
«Quand ma planète est dans tout son éclat,
»Craignons, dit-il, une éclipse importune :
»Il ne faut point fatiguer sa fortune.
»D'un sort plus beau mes yeux sont éblouis ;
»D'être Dunois j'ai la noble espérance ;
»On a rouvert les portes de la France ;
»Dunois peut donc rentrer dans son pays. »

Il va partir, et la ville est troublée.
Nombreux concours. Le héros, en grand deuil,
Se présentant à l'auguste assemblée,
L'œil attristé, mais plein d'un noble orgueil,
Dit, sur le ton d'une oraison funèbre :
«Écoutez-moi, mes hôtes, mes patrons,
»Mes bienfaiteurs, baronnes et barons,
»Dignes soutiens d'une cité célèbre.
»J'aurais dû vivre et mourir parmi vous :
»Je le voulais ; mais le destin jaloux
»Veut le contraire, et ce destin l'emporte.
»Longtemps banni, nouveau Coriolan,
»Je dois me rendre aux désirs de Milan.
»On a besoin d'une tête un peu forte,
»D'un homme grave, et point aventurier :
»Monsieur Melzi me dépêche un courrier.
»C'est en pleurant que je vous abandonne
»De mon pays vous connaissez les torts ;

»Il fut ingrat ; mais il a des remords :
»Coriolan pardonna ; je pardonne. »

Un cri s'élève. « Éternelles douleurs !
»Voyez les yeux des baronnes en pleurs :
»Pour vous, cruel, ces yeux n'ont plus de charmes !
»Vous nous quittez !—Ah ! cachez-moi vos larmes.
»Il faut remplir un austère devoir.
»Vous n'avez plus besoin de mon savoir :
»Même à Florence, il n'est point d'homme habile
»Qui se flattât de montrer dans la ville
»L'italien, tel qu'on le parle ici.
»Vous l'enseigner, serait vous faire injure :
»Vous savez tous ma langue, Dieu merci,
»Comme moi-même, et, du moins, je le jure,
»L'italien jamais vous n'oublirez. »
A son serment tous les sermens s'unissent.
On en fait trop ; ceux-là seront sacrés.
A son grand cœur tous les cœurs applaudissent
Avec respect la foule suit ses pas :
On l'accompagne aux portes, sur la route ;
Il rit, on pleure ; il se tait, l'on écoute.
Un dernier mot s'échappe... « Adiousias..
Il dit, s'éloigne, et regarde, et soupire,
Et ce héros, rêvant d'autres succès,
En attendant qu'il redonne un empire,
Vient à Paris enseigner le français.

Mais loin de lui, sa gloire n'est absente
A Lunébourg, ville reconnaissante ;
Des beaux esprits il y fait l'entretien ;
D'une statue il y reçoit l'hommage ;

Et dans la place, aux pieds de cette image,
On lit trois mots : Au maître italien.
Là, chaque soir une cité ravie
Vient admirer le vicomte de Crac,
Et parle encore, en dépit de l'envie,
L'italien... que l'on parle à Nérac.

LE CIMETIÈRE

DE CAMPAGNE,

[TRADUCTION DE L'ANGLAIS DE GRAY.]

1805.

Le jour fuit ; de l'airain les lugubres accens
Rappellent au bercail les troupeaux mugissans ;
Le laboureur lassé regagne sa chaumière ;
Du soleil expirant la tremblante lumière
Délaisse par degrés les monts silencieux ;
Un calme solennel enveloppe les cieux,
Et sur un vieux donjon que le lierre environne,
Les sinistres oiseaux, par un cri monotone,
Grondent le voyageur dans sa route égaré,
Qui vient troubler l'empire à la nuit consacré.

Près de ces ifs noueux dont la verdure sombre
Sur les champs attristés répand le deuil et l'ombre,
Sous ces frêles gazons, parure du tombeau,
Dorment les villageois, ancêtres du hameau.
Rien ne peut les troubler dans leur couche dernière,
Ni le clairon du coq annonçant la lumière.

LE CIMETIÈRE DE CAMPAGNE.

Ni du cor matinal l'appel accoutumé,
Ni la voix du printemps au souffle parfumé.
Des enfans, réunis dans les bras de leur mère,
Ne partageront plus, sur les genoux d'un père,
Le baiser du retour, objet de leur désir;
Et le soir au banquet la coupe du plaisir
N'ira plus à la ronde égayer la famille.

Que de fois la moisson fatigua leur faucille!
Que de sillons traça leur soc laborieux! [joyeux,
Comme au sein des travaux leurs chants étaient
Quand la forêt tombait sous les lourdes cognées!
Que leurs tombes du moins ne soient pas dédaignées;
Que l'heureux fils du sort, déposant sa grandeur,
Des simples villageois respecte la candeur:
Que ce sourire altier sur ses lèvres expire:
Biens, dignités, crédits, beauté, valeur, empire,
Tout vient dans le lieu sombre abimer son orgueil.
O gloire! ton sentier ne conduit qu'au cercueil.

Ils n'obtinrent jamais, sous les voûtes sacrées,
Des éloges menteurs, des larmes figurées;
Les ministres du ciel ne leur vendirent pas
Le faste du néant, les hymnes du trépas:
Mais, perçant du tombeau l'éternelle retraite,
Des chants raniment-ils la poussière muette?
La flatterie impure, offrant de vains honneurs,
Fait-elle entendre aux morts ses accens suborneurs?

Des esprits enflammés d'un céleste délire,
Des mains dignes du sceptre, ou dignes de la lyre,
Languissent dans ce lieu par la mort habité.

Grands hommes inconnus, la froide pauvreté
Dans vos âmes glaça le torrent du génie ;
Des dépouilles du temps la science enrichie
A vos yeux étonnés ne déroula jamais
Le livre où la nature imprima ses secrets,
Mais l'avare Océan recèle dans son onde
Des diamans, l'orgueil des mines de Golconde ;
Des plus brillantes fleurs le calice entr'ouvert
Décore un précipice ou parfume un désert.
Là, peut-être sommeille un Hamden de village,
Qui brava le tyran de son humble héritage ;
Quelque Milton sans gloire ; un Cromwell ignoré,
Qu'un pouvoir criminel n'a point déshonoré.

S'ils n'ont pas des destins affronté la menace,
Fait tonner au sénat leur éloquente audace,
D'un hameau dévasté relevé les débris,
Et recueilli l'éloge en des yeux attendris,
Le sort, qui les priva de ces plaisirs sublimes,
Ainsi que les vertus borna pour eux les crimes :
On n'a point vu l'épée, ivre de sang humain,
Leur frayer jusqu'au trône un terrible chemin ;
Ils n'ont pas étouffé dans leur âme flétrie
Et la pitié qui pleure, et le remords qui crie ;
Jamais leur main servile aux coupables puissans
N'a des pudiques Sœurs prostitué l'encens ;
Et leurs modestes jours, ignorés de l'envie,
Coulèrent sans orage au vallon de la vie.

Quelques rimes sans art, d'incultes ornemens,
Recommandent aux yeux ces obscurs monumens ;
Une pierre attestant le nom, le sexe et l'âge,

ÉLÉGIE.

Une informe élégie où le rustique sage
Par des textes sacrés nous enseigne à mourir,
Implorent du passant le tribut d'un soupir.
Et quelle âme intrépide, en quittant le rivage
Peut au muet oubli résigner son courage ?
Quel œil, apercevant le ténébreux séjour,
Ne jette un long regard vers l'enceinte du jour ?
Nature, chez les morts ta voix se fait entendre;
Ta flamme dans la tombe anime notre cendre;
Aux portes du néant respirant l'avenir,
Nous voulons nous survivre en un doux souvenir.

Et toi, qui pour venger la probité sans gloire,
Du pauvre dans tes vers chantas la simple histoire,
Si, visitant ces lieux, domaine de la mort,
Un cœur parent du tien veut apprendre ton sort,
Sans doute un villageois, à la tête blanchie,
Lui dira : Traversant la plaine rafraîchie,
Souvent sur la colline il devançait le jour;
Quand au sommet des cieux le midi de retour
Dévorait les coteaux de sa brûlante haleine
Seul, et goûtant le frais à l'ombre d'un vieux chêne,
Couché nonchalamment, les yeux fixés sur l'eau,
Il aimait à rêver au doux bruit du ruisseau;
Le soir, dans la forêt, loin des routes tracées,
Il égarait ses pas et ses tristes pensées;
Quelquefois, en quittant ces bois religieux,
Des pleurs mal essuyés mouillaient encor ses yeux.
Un jour, près d'un ruisseau, sur le mont solitaire,
Sous l'arbre favori, le long de la bruyère,
Je cherchai, mais en vain, la trace de ses pas;
Je vins le jour suivant, je ne le trouvai pas :

Le lendemain, vers l'heure où naissent les ténèbres,
J'aperçus un cercueil et des flambeaux funèbres :
A pas lents vers l'église on portait ses débris :
Sa tombe est près de nous ; regarde, approche, et lis.

ÉPITAPHE.

Sous ce froid monument sont les jeunes reliques
D'un homme, à la fortune, à la gloire inconnu :
La tristesse voilait ses traits mélancoliques ;
Il eut peu de savoir, mais un cœur ingénu.

Les pauvres ont béni sa pieuse jeunesse
Dont la bonté du ciel a daigné prendre soin :
Il sut donner des pleurs, son unique richesse ;
Il obtint un ami, son unique besoin.

Ne mets point ses vertus, ses défauts en balance ;
Homme, tu n'es plus juge en ce funèbre lieu :
Dans un espoir tremblant il repose en silence,
Entre les bras d'un père et sous la loi d'un Dieu.

ÉLÉGIE

SUR

LA MORT DE MUIRON,

tué à la bataille d'Arcole.

Arcole, en tes vallons, fameux par nos guerriers,
Les larmes du vainqueur ont mouillé ses lauriers.
Tu vis de cent héros moissonner la vaillance,
Qu'à l'Italie encor redemande la France.
Là, plus d'un grand destin en naissant immolé,
Plus d'un nom que la gloire eût un jour révélé
Expira dans l'oubli sous la tombe jalouse;
Mais du jeune Muiron, mais de sa tendre épouse,
Ma lyre veut du moins consacrer les malheurs,
Et l'avenir ému leur donnera des pleurs.

Dans le camp des Français, leurs jeunes destinées,
Au milieu des périls s'écoulaient fortunées;
Un fils, depuis six mois, souriait à leurs vœux,

Et du premier amour ils s'aimaient tous les deux.
La veille du combat, loin du fracas des armes,
L'hymen au front voilé leur prodiguait ses charmes;
Dans ces momens d'ivresse il semblait que le dieu
Leur dit secrètement : C'est le dernier adieu.
Au signal du clairon, Muiron cherche la gloire,
Il part, combat et meurt. On chante la victoire :
Son épouse accourait ; les guerriers, l'œil baissé,
L'accueillent en passant d'un silence glacé.
Vers les bords de l'Adige, en tremblant elle arrive ;
Elle appelle, elle voit sur la sanglante rive
Muiron, les yeux couverts des ombres du trépas,
Et pour la recevoir ouvrant encor les bras.
Elle ne parle point, mais chancelle, soupire :
Sur l'époux bien-aimé lentement elle expire.
Ce jour qu'il ne voit plus importune ses yeux,
Et d'un dernier regard elle accuse les cieux.
Sans parens, sans appui, sans lait, sans nourriture,
L'enfant restait : la mort, outrageant la nature,
Sur la tendre victime étendit son courroux :
L'épouse, dans la tombe, avait suivi l'époux ;
L'enfant ne suça point le lait de l'étrangère,
Dans la tombe, à son tour, l'enfant suivit la mère.

Ainsi quand le Bélier vient reverdir les champs,
En un bosquet paré de filles du printemps,
Belles l'une par l'autre, on voit s'unir deux roses;
Sur une même tige, un même jour écloses ;
Entre elles deux jaillit le timide bouton,
D'une amour mutuelle aimable rejeton.
La grêle à coups pressés abat les fleurs naissantes;
En s'unissant encor les roses languissantes

Inclinent tristement leur front pâle et flétri ;
Près d'elles tombe et meurt le rejeton chéri,
Que du plus doux zéphyr un souffle fit éclore,
Mais qu'un de ses baisers n'entr'ouvrait pas encore.

LA PROMENADE.

[1805]

Roule avec majesté tes ondes fugitives,
Seine : j'aime à rêver sur tes paisibles rives,
En laissant comme toi la reine des cités.
Ah ! lorsque la nature, à mes yeux attristés,
Le front orné de fleurs, brille en vain renaissante ;
Lorsque du renouveau l'haleine caressante
Rafraîchit l'univers de jeunesse paré
Sans ranimer mon front pâle et décoloré ;
Du moins auprès de toi que je retrouve encore
Ce calme inspirateur que le poëte implore,
Et la mélancolie errante au bord des eaux.
Jadis, il m'en souvient, du fond de leurs roseaux,
Tes nymphes répétaient le chant plaintif et tendre
Qu'aux échos de Passy ma voix faisait entendre.
Jours heureux ! temps lointain, mais jamais oublié,
Où les arts consolans, où la douce amitié,
Et tout ce dont le charme intéresse à la vie,
Égayaient mes destins ignorés de l'envie.

Le soleil affaibli vient dorer ces vallons ;
Je vois Auteuil sourire à ses derniers rayons.

LA PROMENADE.

Oh! que de fois j'errai dans tes belles retraites,
Auteuil! lieu favori! lieu saint pour les poëtes!
Que de rivaux de gloire unis sous tes berceaux!
C'est là qu'au milieu d'eux l'élégant Despréaux,
Législateur du goût, au goût toujours fidèle,
Enseignait le bel art dont il offre un modèle.
Là Molière esquissant ses comiques portraits,
De Chrysalde ou d'Arnolphe a dessiné les traits.
Dans la forêt ombreuse, ou le long des prairies,
La Fontaine égarait ses douces rêveries ;
Là Racine évoquait Andromaque et Pyrrhus,
Contre Néron puissant faisait tonner Burrhus,
Peignait de Phèdre en pleurs le tragique délire.
Ces pleurs harmonieux que modulait sa lyre
Ont mouillé le rivage ; et de ses vers sacrés
La flamme anime encor les échos inspirés.

Saint-Cloud, je t'aperçois ; j'ai vu, loin de tes rives,
S'enfuir sous les roseaux tes naïades plaintives ;
J'imite leur exemple, et je fuis devant toi :
L'air de la servitude est trop pesant pour moi.
A mes yeux éblouis vainement tu présentes
De tes bois toujours verts les masses imposantes,
Tes jardins prolongés qui bordent ces coteaux
Et qui semblent de loin suspendus sur les eaux :
Désormais je n'y vois que la toge avilie
Sous la main du guerrier qu'admira l'Italie.
Des champêtres plaisirs tu n'es plus le séjour ;
Ah! de la liberté tu vis le dernier jour.
Dix ans d'efforts pour elle ont produit l'esclavage.
Un Corse a des Français dévoré l'héritage.
Élite des héros aux combats moissonnés,

Martyrs avec la gloire à l'échafaud traînés,
Vous tombiez satisfaits dans une autre espérance !
Trop de sang, trop de pleurs ont inondé la France :
De ces pleurs, de ce sang un homme est héritier !
Aujourd'hui dans un homme un peuple est tout entier ;
Tel est le fruit amer des discordes civiles.
Mais les fers ont-ils pu trouver des mains serviles ?
Les Français de leurs droits ne sont-ils plus jaloux ?
Cet homme a-t-il pensé que, vainqueur avec tous,
Il pourrait, malgré tous, envahir leur puissance ?
Déserteur de l'Égypte, a-t-il conquis la France ?
Jeune imprudent, arrête : où donc est l'ennemi ?
Si dans l'art des tyrans tu n'es pas affermi...
Vains cris ! plus de sénat ; la république expire ;
Sous un nouveau Cromwell naît un nouvel empire.
Hélas ! le malheureux, sur ce bord enchanté,
Ensevelit sa gloire avec la liberté.

Crédule, j'ai longtemps célébré ses conquêtes ;
Au forum, au sénat, dans nos jeux, dans nos fêtes,
Je proclamais son nom, je vantais ses exploits,
Quand ses lauriers soumis se courbaient sous les lois,
Quand, simple citoyen, soldat du peuple libre,
Aux bords de l'Éridan, de l'Adige et du Tibre,
Foudroyant tour à tour quelques tyrans pervers.
Des nations en pleurs sa main brisait les fers ;
Ou quand son noble exil aux sables de Syrie
Des palmes du Liban couronnait sa patrie.
Mais, lorsqu'en fugitif regagnant ses foyers
Il vint contre l'empire échanger les lauriers,
Je n'ai point caressé sa brillante infamie ;
Ma voix des oppresseurs fut toujours ennemie.

Et, tandis qu'il voyait des flots d'adorateurs
Lui vendre avec l'État leurs vers adulateurs,
Le tyran dans sa cour remarqua mon absence ;
Car je chante la gloire, et non pas la puissance.

«Mais détournons les yeux de ces tristes tableaux :
»Leur douloureux aspect irrite encor mes maux :
»Et le jour qui finit offre au moins à ma vue
»Un spectacle plus fait pour mon âme abattue*: »
Le troupeau se rassemble à la voix des bergers ;
J'entends frémir du soir les insectes légers ;
Des nocturnes zéphyrs je sens la douce haleine ;
Le soleil de ses feux ne rougit plus la plaine,
Et cet astre plus doux, qui luit au haut des cieux,
Argente mollement les flots silencieux.
Mais une voix qui sort du vallon solitaire
Me dit : Viens ; tes amis ne sont plus sur la terre ;
Viens ; tu veux rester libre, et le peuple est vaincu.
Il est vrai : jeune encor, j'ai déjà trop vécu.
L'espérance lointaine et les vastes pensées
Embellissaient mes nuits tranquillement bercées ;
A mon esprit déçu, facile à prévenir,
Des mensonges rians coloraient l'avenir.
Flatteuse illusion, tu m'es bientôt ravie !
Vous m'avez délaissé, doux rêves de la vie ;

---

* Dans toutes les éditions antérieures à la nôtre, on ne trouve pas les quatre vers que nous imprimons ici avec des guillemets ; il en est même plusieurs où la lacune n'a pas été observée, malgré l'interruption évidente du sens. Sans être certains que ces vers soient de Chénier, nous ne balançons pas à les adopter ; un manuscrit, trouvé dans les papiers de l'auteur et où ils sont ainsi marqués, nous y autorise. Ces vers ont, d'ailleurs, l'avantage de rétablir la transition d'une manière plus naturelle et plus convenable. (*Note des Éditeurs.*)

Plaisirs, gloire, bonheur, patrie et liberté,
Vous fuyez loin d'un cœur vide et désenchanté.
Les travaux, les chagrins ont doublé mes années ;
Ma vie est sans couleur, et mes pâles journées
M'offrent de longs ennuis l'enchaînement certain,
Lugubres comme un soir qui n'eut pas de matin.
Je vois le but, j'y touche, et j'ai soif de l'atteindre.
Le feu qui me brûlait a besoin de s'éteindre ;
Ce qui m'en reste encor n'est qu'un morne flambeau
Éclairant à mes yeux le chemin du tombeau.
Que je repose en paix sous le gazon rustique,
Sur les bords du ruisseau pur et mélancolique !
Vous, amis des humains, et des champs, et des vers,
Par un doux souvenir peuplez ces lieux déserts ;
Suspendez aux tilleuls qui forment ces bocages
Mes derniers vêtemens mouillés de tant d'orages ;
Là, quelquefois encor daignez vous rassembler ;
Là, prononcez l'adieu : que je sente couler
Sur le sol enfermant mes cendres endormies
Des mots partis du cœur et des larmes amies !

Les Nouveaux Saints.

Gloria in excelsis Deo.

Gloire à Dieu dans les hauts ! Disons nos patenôtres.
C'est peu qu'un successeur du prince des apôtres,
Dans ses gilets vieillis et rompus quelquefois,
Prétende repêcher les peuples et les rois :
Un culte dominant va réjouir la France ;
Telle est des nouveaux saints la dévote espérance :
Ils sont nombreux, zélés, ils prêchent des sermons,
Des journaux, des romans, des drames, des chansons.
Nous entendrons encor disputer sur la grâce,
Non celle de Parny, de Tibulle, et d'Horace,
Mais celle d'Augustin, la grâce des élus,
Qui vaut bien mieux que l'autre, et qui rapportait plus.
Courage, marguilliers ; n'entendez-vous pas braire
Les fils, les compagnons de l'Ane littéraire ?
« Oui, par Martin Fréron, le triomphe est certain,
» Dit Geoffroi ; venez tous, héritiers de Martin,
» Et vous surtout, Clément, son émule intrépide,
» Philoctète nouveau de ce nouvel Alcide !
» Soyons gais, buvons frais : honneur à tout chrétien !
» Dieu prend soin de sa vigne, et les Débats vont bien.
» La dîme reviendra ; nous en aurons la gloire :

»Vivent les *oremus* et la messe après boire !
»Pour la philosophie, oh ! c'est le temps passé ;
»Grâce à Clément et moi, Voltaire est renversé.
»Nous avons longuement disserté sur Alzire,
»Sur Tancrède et Gengis, sur Mérope et Zaïre
»On est désabusé de ces méchans écrits,
»Si bien que nos extraits font bâiller tout Paris. [ges,
»Rousseau, Buffon, Raynal, vrais fous, prétendus sa-
»Qui du siècle dernier captivaient les hommages,
»Aujourd'hui sans égards vous les voyez traités,
»Réimprimés, vendus, lus, relus, tourmentés ;
»Dans la bibliothèque, aux champs, sur la toilette,
»Partout vous les trouvez ; tout passant les achète.
»On ne tourmente pas Guyon, frère Berthier,
»Chaumeix et Patouillet, Nonotte et Sabatier ;
»Ils sont, loin des lecteurs, à l'abri des critiques,
»Gardés avec respect dans le fond des boutiques,
»Ainsi que des trésors, des joyaux précieux,
»Qu'un possesseur jaloux dérobe à tous les yeux.»

De ces grands écrivains imitateurs fidèles,
Vous serez conservés auprès de vos modèles.
Croyez, c'est fort bien fait, et propagez la foi ;
Dieu vous gard' ! Mais, de grâce, ingénieux Geoffroi,
Et vous, léger Clément, pour l'honneur de l'Église,
En matière de foi craignez quelque méprise ;
Tenez, vous croyez vivre ; on s'y trompe souvent ;
Vous êtes morts, très-morts, et Voltaire est vivant.

Non loin de ces frelons, nourris dans l'art de nuire,
Et corrompant le miel qu'ils n'ont pas su produire,
J'aperçois le phénix des femmes beaux esprits.

Son libraire lui seul connaît tous les écrits
Dont madame Honesta daigne enrichir la France.
Vous n'y trouverez point cette heureuse élégance,
Cet esprit délicat, dont les traits ingénus
Brillaient dans Sévigné, la Fayette et Caylus ;
C'est un lourd pédantisme, un ton sévère et triste ;
C'est Philaminte encor, mais un peu janséniste.
« De la France avec moi le bon goût avait fui,
» Dit-elle ; après dix ans j'y reviens avec lui :
» Plaignant du fond du cœur ma patrie en délire,
» J'arrive d'Altona pour vous apprendre à lire.
» J'ose même espérer de plus nobles succès :
» Je voudrais, entre nous, convertir les Français.
» Plus d'un, sans réussir, a tenté l'entreprise ;
» Vous n'aviez point encor des Mères de l'Église.
» Si la philosophie a pu vous abuser,
» Si des noms trop fameux qu'on voudrait m'opposer
» Forment dans la balance un poids considérable,
» Mes trente in-octavo sont d'un poids admirable :
» Pour faire pénitence il faut les méditer.
» J'aurais bien plus écrit ; mais je dois regretter
» Quelques beaux jours perdus loin de mon oratoire :
» C'était un vrai roman ; le reste est de l'histoire,
» Et de la sainte encor : vingt ans j'ai combattu
» Pour la religion, les mœurs, et la vertu. »

Peste ! ce ne sont là des matières frivoles :
Vous n'êtes point, madame, au rang des vierges folles ;
Vous n'avez point caché sous le boisseau jaloux
La flamme dont le ciel fut prodigue envers vous ;
Mais faisant au public partager cette flamme, [dame.
Croyez qu'un ton plus doux lui plairait mieux, ma-

Vous êtes sainte ; eh bien ! chaque chose à son tour ;
Soyez sainte, aimez Dieu : c'est encor de l'amour.
Aux jours de son printemps Madeleine imprudente
Se repentit bientôt, mais ne fut point pédante ;
Quand elle crut, l'amour fit sa crédulité,
Et toujours ce qu'on aime est la divinité.
Voyez Thérèse encor : quelle sainte adorable !
Elle aime, elle aime tant qu'elle a pitié du diable,
Et, pour l'époux divin se laissant enflammer,
Plaint jusqu'au malheureux qui ne peut plus aimer.

« Ah ! vous parlez du diable ? il est bien poétique,
» Dit le dévot Chactas, ce sauvage érotique.
» Neptune approche-t-il du grand saint Nicolas ?
» Les trois sœurs de l'Amour avaient quelques appas ;
» Ces beautés cependant sont fort loin d'être égales
» Aux trois hautes vertus qu'on dit théologales.
» Trois, c'est peu, j'en conviens ; mais nous avons aussi
» Sept péchés capitaux bien comptés, Dieu merci.
» De la loi des chrétiens ô bonté souveraine !
» Les païens adoraient aux bords de l'Hippocrène
» Neuf vierges seulement ; nous espérons aux cieux
» En trouver onze mille, et cela vaut bien mieux.
» Rendez le paradis, l'enfer, le purgatoire :
» Voilà le principal ; et, quant à l'accessoire,
» Rendez... à dire vrai c'est le point délicat,
» Quelques brimborions, cure, canonicat,
» Évêché bien renté, bonne et grasse abbaye,
» Dîme... il faut, comme on sait, de tout en poésie.
» Tel est le saint traité qu'on peut faire entre nous ;
» Sans cela je vous quitte, et c'est tant pis pour vous.
» J'irai, je reverrai les paisibles rivages,

»Riant Meschacebé, Permesse des sauvages :
»J'entendrai les sermons prolixement discrts
»Du bon monsieur Aubry, Massillon des déserts.
»O sensible Atala! tous deux avec ivresse
»Courons goûter encor les plaisirs... de la messe :
»Chantons de Pompignan les cantiques sacrés;
»Les poëtes chrétiens sont les seuls inspirés.
»Près du *Pange lingua* comme on méprise Horace !
»Près du *Dies iræ* comme Ovide est sans grâce !
»Esménard, par exemple, est un rimeur chrétien.
»Homère seul m'étonne : il fut, dit-on, païen ;
»Que n'a-t-il sur ses pas trouvé quelque bon prêtre !
»Hélas! monsieur Aubry l'eût converti peut-être.
»Pour vous, Pope, Lucrèce, écrivains peu dévots
»Et vous, mauvais plaisans, poëtes à bons mots,
»Ennuyeux la Fontaine, impertinent Molière,
»Sec et froid Arioste, insipide Voltaire,
»Les Hurons, gens de goût, ne vous ont jamais lus
»Ils m'ont beaucoup formé, je ne vous lirai plus :
»Mais, fille de l'exil, Atala, fille honnête,
»Après messe entendue, en nos saints tête-à-tête,
»Je prétends chaque jour relire auprès de toi
»Trois modèles divins, la Bible, Homère, et moi. »

C'est bien assez de vous ; la Bible est inutile,
Homère davantage, il n'a pas votre style.
Surtout de Bernardin copiez mieux les traits ;
Vous ennuyez parfois, et n'instruisez jamais :
Il plaît en instruisant; son secret est plus rare,
Il est original, et vous êtes bizarre.
« Soit, répond un quidam, pour moi je suis abbé ;
»Il s'agit bien de vers et du Meschacebé ;

»Laissons tous ces lambeaux d'élégie ou d'églogue ;
»Je ne connais de vers que ceux du décalogue :
»Au fait, en quatre mots; payez, si vous croyez;
»Si vous ne croyez pas, en revanche payez.
»Vous êtes philosophe ; à vous permis de l'être :
»Mais c'est bien votre faute et non celle du prêtre;
»Et vous l'en puniriez ? le tour est trop méchant.
»Il est dans saint Ambroise un endroit fort touchant.
»Vous ne refusez rien au défenseur impie
»Qui pour vous aux combats n'expose que sa vie !
»Et le ministre saint, qui, tranquille à l'autel,
»Loin du champ de bataille, invoque en paix le ciel,
»Que lui donnerez-vous ? pas une obole : ah ! traîtres,
»Vous aurez des héros, vous n'aurez plus de prêtres !
»Vous n'avez donc jamais senti la volupté
»Qu'inspire un *Te Deum*, quand il est bien chanté ?»

Le *Te Deum* pourtant ne vaut pas la victoire ;
Mais il faut, selon vous, payer pour ne rien croire ?
Non ; tant cru, tant payé : nul au nom de la loi
Ne peut lever sur tous un impôt pour sa foi.
Ainsi par Jefferson l'heureuse Virginie
Des cultes différens vit régner l'harmonie.
J'entends ; vous maigrissez; les profits ne vont point:
Lambertini pour moi répondra sur ce point.
On ne vit pas souvent pape de son étoffe,
Pape lettré, malin, voire un peu philosophe :
Fléau de Mahomet, ce prophète imposteur,
D'un chef-d'œuvre naissant il fut le protecteur,
Par respect pour Jésus dont il était vicaire.
Des moines un beau jour vont le trouver : Saint-père,
En notre jeune temps le couvent allait mieux,

Dévotes à foison ; mais nous devenons vieux :
On gèle à la cuisine, on jeûne au réfectoire ;
Pour les rosaires, rien ; rien, pour le purgatoire ;
La messe est au rabais ; nous vendons peu d'agnus :
Quant aux enterremens, hélas ! on ne meurt plus.
Ce disant, ils pleuraient, et montraient leur besace.
Par quelques pièces d'or consolant leur disgrâce,
Le pontife narquois rit sous cape, et leur dit :
Pour des moines toscans vous avez peu d'esprit ;
Vous vous abandonnez, et Dieu vous abandonne :
Courage ; intriguez-vous ; faites quelque madone.

« Paix là, ne raillez point, s'écrie un court vieillard
» A la voix glapissante, au ton sec et braillard :
» Ne pas croire avec moi des vérités sensibles !
» Moi, le saint-père, et Dieu, nous sommes infaillibles :
» De penser comme moi l'on doit être charmé ;
» D'ailleurs j'ai prouvé tout, c'est-à-dire affirmé
» Dans quinze ou vingt leçons, dans cinq ou six brochu- [res,
» En profond raisonneur, avec beaucoup d'injures.
» Vous doutez, malheureux ! voilà comme on se perd.
» Mais Voltaire, Rousseau, Montesquieu, d'Alembert !
» Quoi ! l'on en parle encore ? indociles cervelles :
» Méchans, qui n'aimaient pas les peines éternelles !
» Si j'ai pensé comme eux dans ma jeune saison,
» J'étais comme aujourd'hui certain d'avoir raison :
» Pour eux ils avaient tort, et jusqu'à l'évidence
» J'ai de ces novateurs démontré l'impudence.
» Mais leur philosophie a corrompu les cœurs :
» Un moment ; patience ; ils viendront les vengeurs.
» Dieu ne laissera plus régner l'esprit immonde :
» Tout est damné, la France, et l'Europe, et le monde :

»Excellente moisson pour les anges maudits !
»Que je sois seulement portier du paradis,
»Je prétends dire à tous, comme un suisse inflexible :
»Vous venez pour entrer? mais Dieu n'est pas visible;
»Bon soir; allez rôtir ; c'est pour l'éternité ;
»Le bail est un peu long : j'en suis bien enchanté.
»J'emporterai de plus ma férule, et pour cause ;
»Je prétends avec Dieu jaser sur bien des choses
»Et régenter là-haut les habitans du ciel :
»Car je fus ici-bas régent universel,
»Au Mercure, ou Lycée, en pleine Académie ;
»Modèle en prose, en vers, tout comme en modestie.
»Aimez-vous l'enjoûment, les grâces, le bon ton ?
»Lisez mes deux quatrains sur Voltaire et Tonton.
»Les vers de Colardeau sont doux, mais un peu vides :
»Voulez-vous des vers pleins ? prenez mes héroïdes.
»Lebrun franchit la lice à bonds précipités :
»Dans mon lyrique essor je marche à pas comptés.
»Ducis a fait pleurer sur les malheurs d'OEdipe :
»Barmécide paraît, le chagrin se dissipe.
»Du parterre dix fois j'ai calmé les douleurs ;
«Nul auditeur ne peut me reprocher ses pleurs.
»Thomas, Garat, Champfort, prosateurs misérables !
»Mes éloges, voilà des écrits admirables ;
»Car j'ai loué parfois : on peut vanter les gens
»Quand ils sont enterrés ou moins depuis cent ans.
»Pour mes contemporains, sans user d'artifice,
»J'ai dit du mal de tous, car j'aime la justice.
»L'indulgence est un crime, et je suis sans remords :
»Avant Dieu j'ai jugé les vivans et les morts. »
Il vous en adviendra quelque mésaventure,
O grand Perrin Dandin de la littérature,

De votre tribunal président éternel !
Le public, président du tribunal d'appel,
Par de nouveaux arrêts pourra casser les vôtres.
Et l'on vous jugera, vous qui jugez les autres.
Longtemps, jaloux poëte, aux enfans d'Apollon
Vous avez cru fermer les sentiers d'Hélicon.
Aujourd'hui, nouveau saint, il faut que l'on vous donne
Les clefs du paradis, pour n'ouvrir à personne !
Pierre les gardera, si vous le trouvez bon :
D'un bel ange autrefois l'orgueil fit un démon.
Quel exemple pour vous ! Jusque dans la vieillesse
On tient par habitude aux péchés de jeunesse :
Vous fûtes grand pécheur ; souvenez-vous-en bien ;
Et devenez plus humble afin d'être chrétien.

LE DOCTEUR PANCRACE.

SATIRE.

ADRIEN.
Pancrace, mon cher maître, ô vous à qui je dois
Ce ton lourd et guindé que vous vantez en moi!
Vous, devenu modèle en cet art que j'admire
D'écrire sans penser, de parler sans rien dire;
Régent dans vos discours, régent dans vos écrits,
Vous nous enseignez tout sans avoir rien appris :
Mascarille eut ce don; mais, ô divin Pancrace!
De Trissotin premier si recherchant la trace,
Sur les pas du second ma généreuse ardeur
Des sources du Bathos sonda la profondeur.
Prêtez à votre élève une oreille facile,
Et n'intimidez point ma jeunesse docile.
On me siffle partout, quand vous me protégez;
Sur les sifflets, mon cher, j'ai de grands préjugés :
L'esprit fort a parfois ses momens de scrupule,
Et, malgré l'habitude, on craint le ridicule.

LE DOCTEUR PANCRACE.
Ah! mon pauvre Adrien, l'ai-je bien entendu!
Tu parles des sifflets! ton courage est perdu.

N'as-tu pas sous les yeux plus d'un vaillant modéle?
Je ne te parle pas du petit Lacretelle,
Des Michauds, des Beaulieux, des Perlets, des Crétots,
Des absurdes Fantins, populace de sots ;
Je ne te cite pas Langlois, ni Baralère,
Ni Léger le niais, ni l'obscur Souriguière,
Subalternes faquins qu'honore le sifflet :
Mais regarde Suard, contemple Morellet,
Morellet, dont l'esprit trop souvent se repose,
Enfant de soixante ans qui promet quelque chose :
Suard, jadis censeur, et censeur très-royal,
Affrontant les mépris d'un public déloyal,
Du lecteur incivil bravant les apostrophes,
Valets inquisiteurs, et garçons philosophes,
Ne les a-t-on pas vus, dans ce double métier,
Hués, sifflés tout vifs durant un siècle entier ?
Au tombeau de Cotin sitôt qu'ils vont descendre,
Par souvenir encore, on sifflera leur cendre.
A ce bruit importun, prompts à s'effaroucher,
Un moment dans la lice ont-ils osé broncher ?
Imite leur courage et fournis ta carrière.
Le coursier de l'Élide, accusant la barrière,
Ne sait pas s'informer, dans ses nobles travaux,
Si la route est pénible et s'il a des rivaux ;
Les crins épars, il vole, et, respirant la gloire,
Il dévore le champ, le but et la victoire.

ADRIEN.

En style poétique on peut avoir raison :
Mais achevons, docteur, votre comparaison.
Entre ces beaux coursiers le vaincu fait retraite,
Sifflé par la canaille et pleurant sa défaite,
Tandis que le vainqueur par Pindare est chanté.

LE DOCTEUR PANCRACE.
Et par Poulin Crassous n'es-tu donc pas vanté ?
Poulin dit qu'en nous deux Montesquieu ressuscite.
ADRIEN.
Près de ce nom célèbre il est vrai qu'on nous cite ;
Je l'entends tous les jours proclamer en bon lieu,
Notre prose ressemble aux vers de Montesquieu.
LE DOCTEUR PANCRACE.
Eh bien ! connais-toi donc : pour savoir te connaître,
Analyse Pancrace, et vois quel est ton maître.
Devenu dans un greffe émule des Césars,
Et par deux procureurs formé dans les beaux-arts,
J'argumente, j'instruis, je professe, j'indique ;
Je suis du grand Bacon l'arbre encyclopédique ;
De Moitte et de Julien je conduis le ciseau :
De Renaud, de Vincent j'anime le pinceau ;
Méhul auprès de moi fait un cours de musique,
Et j'apprends à Garat quelque métaphysique.
Un drame intéressant fait-il pleurer Paris ?
Je dis : BAILLEZ, PUBLIC, et sur-le-champ j'écris.
Bonaparte, suivant des routes immortelles,
A l'aigle des Germains vient d'arracher les ailes.
L'ingrat ! il m'avait plu, je le formais de loin ;
A le morigéner j'ai mis un tendre soin ;
Je voulais lui montrer l'art savant des retraites,
Comme quoi l'on est grand, surtout par des défaites :
Au fond, de ma doctrine il était convaincu ;
Mais il est si jaloux, qu'il a toujours vaincu.
ADRIEN.
Il a tort ; nous voulions opérer des merveilles ;
Nous avons confondu nos travaux et nos veilles,
Châtié le sénat rebelle à nos décrets,

SATIRE.

Des tribunaux futurs prononcé les arrêts.
Et, la verge à la main, menant le Directoire,
Calomnié l'armée et jusqu'à la victoire.
Je vois tous nos efforts, je cherche nos succès :
En France, par malheur, on est un peu Français.
J'entends souffler sur nous le vent de la satire.
Nous admirons Suard, et Suard nous admire ;
Charlemagne pour nous est prêt à s'enrouer ;
Fonvielle, en son patois, osera nous louer ;
S........ pourra nous chanter dans la rue ;
Michaud, Villiers, Ferlus, imbécile cohue,
Auprès de notre gloire inhumant la raison,
Feront de nos écrits la funèbre oraison ;
Enfin, l'ogre Dumont de sa louange impure
Lancera contre nous l'insupportable injure :
Mais par nos prôneurs même un bon mot répété
Compromet tout à coup notre immortalité.
De l'Hébreu Josué vous savez l'aventure,
Et la trompette sainte, et la cité parjure,
Qui vit, aux sons guerriers du céleste instrument,
S'écrouler ses remparts étonnés justement.
Telles sont, cher docteur, les armes d'un poëte.
Nous sommes Jéricho, les vers sont la trompette.
Jacques, le grand cousin, dans la lune immortel,
Ici-bas d'un tréteau s'était fait un autel ;
Le voilà, par malheur, déterré dans sa niche ;
La satire en riant lui lance un hémistiche ;
L'autel est renversé, les traits accusateurs
Percent le dieu burlesque et ses adorateurs.
Le parti de l'ennui n'aura jamais d'empire ;
Les lecteurs sont toujours du parti qui fait rire,
Et surtout dans Paris où le public léger

De mode et de héros est si prompt à changer :
Le bel esprit du jour n'était qu'un sot la veille ;
Tel s'endort applaudi que le sifflet réveille.
Craignons pour nous, docteur, un pareil guet-apens :
Si la mode arrivait de rire à nos dépens !
On nous trouve ennuyeux.

LE DOCTEUR PANCRACE.

C'est pure calomnie.

ADRIEN.

On bâille en nous lisant.

LE DOCTEUR PANCRACE.

On bâille par envie.

ADRIEN.

Vous connaissez l'envie ?

LE DOCTEUR PANCRACE.

Oh ! beaucoup.

ADRIEN.

On le dit.
Mais en la connaissant que de monde en médit !
Jusqu'au moine Gallais, tout fuit ce monstre étique
A la dent venimeuse, au regard frénétique,
Au ton dur et tranchant, au cuir jaune et tanné,
Au visage hideux, long, sec et décharné, [rage.
Au front chauve, aux yeux creux, rougis de pleurs de

LE DOCTEUR PANCRACE, *à part*.

S'il n'était pas si sot, je croirais qu'il m'outrage.
(*Haut.*)
Halte-là.

ADRIEN.

Qu'avez-vous

LE DOCTEUR PANCRACE.

Tu fais tout mon portrait.

SATIRE.

ADRIEN.

Si quand on peint l'envie on vous peint trait pour trait,
Il n'en faut accuser ni peintre, ni modèle;
La faute en est aux Dieux qui vous firent comme elle :
De ses coups, toutefois, vous n'êtes pas exempt.
On vous accorde en tout l'art frivole et pesant
D'enter de nouveaux mots sur de vieilles idées,
D'agiter longuement des choses décidées,
D'affecter un jargon qui commence à s'user,
Et de disséquer tout sans rien analyser :
On dit qu'en un journal nommé d'Économie,
Journal fort estimé pour les cas d'insomnie,
Vous êtes seulement économe d'esprit;
Enfin, si j'en croyais maint discours, maint écrit,
On trouverait chez vous, en dernière analyse,
L'insolence et l'ennui, l'orgueil et la sottise.
Passe pour l'insolence, on l'excuse aujourd'hui;
Mais on n'absout jamais du grand péché d'ennui.
Dirai-je tout, mon maître? Un noir chagrin me ronge:
Je ressemble à Macbeth poursuivi par un songe.
Si conter le passé c'est conter l'avenir,
Et si prophétiser c'est se ressouvenir,
J'annonce aux nations la prochaine disgrâce,
Et d'Adrien l'élève, et du maître Pancrace.
Je vais, sans divaguer, et c'est beaucoup pour moi,
Vous réciter un fait qui me glace d'effroi;
Il est vrai : je le tiens d'un professeur d'histoire.
Un jour, Gille et Pierrot, revenant de la foire,
Aux deux bouts du Pont-Neuf placèrent deux tré- [teaux.
Les passans ébahis, lisent leurs écriteaux;
On s'ameute. Pierrot disait : « Courez la ville
»Vous n'y pourrez trouver qu'un bel esprit:c'est Gille.

»Chacun reçut du ciel un talent différent,
»Mais tout devient petit devant Gille le Grand.»
Gille sur l'autre bord criait d'un ton capable : [ble.»
«*Rien n'est grand que Pierrot, Pierrot seul est aima-*
On les crut sur parole : et tout le peuple sot
Va du grand homme Gille au grand homme Pierrot;
Chez tous deux à la fois voilà l'argent qui roule.
Advint qu'un vieux routier, moins nigaud que la foule,
Lui dit : « Braves badauds, sifflez-moi si j'ai tort,
»Mais pour vous escroquer ces coquins sont d'accord :
»Je vous les garantis grands hommes de la foire.»
Tout fut dit; l'on brisa leurs boutiques de gloire...
Vous changez de visage, et vous faites très-bien;
Mais pour me consoler n'imaginez-vous rien?

LE DOCTEUR PANCRACE *d'un ton très-auguste.*
Jeune homme ! et c'est ainsi que l'honneur vous ani-
Après un long espoir quel ton pusillanime! [me!
Du nom de Montesquieu n'êtes-vous point jaloux?
Gille, qui n'est pas moi, Pierrot, qui n'est pas vous,
Peuvent-ils inspirer ces frayeurs enfantines?
Votre esprit s'endort-il au milieu des ruines?
J'osai vous accorder, sur vos premiers écrits,
Des lettres de grand homme au Journal de Paris;
Je m'écriai, charmé de votre noble audace :
«Je serais Adrien si je n'étais Pancrace!»
Et quand, par mon appui, vous marchez mon égal,
Quand Lemérer en vous reconnaît son rival,
Lemérer, éditeur et seul propriétaire
Des célèbres journaux imprimés sous Tibère;
Assiégé tout à coup de soupçons ennemis,
Vous fuyez les honneurs *qui vous furent promis.*
Ah! ne résistez plus à votre destinée!

SATIRE.

Imprudent! chaque aurore avance la journée
Qui du jeune Adrien doit faire un sénateur;
Le lendemain verra Pancrace directeur;
Lacrotelle l'a dit : S'il paraît un peu bête,
C'est qu'il parle avec poids et du ton d'un prophète.
O mon fils, mon élève, ou mon maître en jargon,
Profond comme un jeune homme, et chaud comme un barbon,
Caressant tous les jours ta morgue didactique,
Si j'ai fait à plaisir un Cotin politique,
Deviens plus grand que moi pour me récompenser!
Vainement les sifflets osent nous menacer;
Affirmons et crions; les badauds sont crédules;
Sous un large manteau cachons nos ridicules;
Gardons-nous de jaser de Gille et de Pierrot:
Ces noms nous resteraient; on nous prendrait au mot.
Si chacun rit de nous, jurons de n'en pas rire,
De nous vanter l'un l'autre, et même de nous lire :
Pour l'amour de la gloire il faut faire un effort.

ADRIEN, *touché jusqu'aux larmes.*

J'y consens, cher docteur, mais lire est un peu fort.

LA SOLITUDE

DE SAINT-MAUR.

ODE.

[1767]

    Salut, nymphes de la prairie,
Et vous, de ces forêts aimables déités ;
    Toi, naïade aux flots argentés,
Salut. Je viens encore, ô naïade chérie,
    Plein d'une douce rêverie,
Demander le repos à tes bords enchantés.

    Soumis à des alarmes vaines,
Tu m'entendais jadis soupirer mon ennui :
    Tu me revois libre aujourd'hui.
L'amour est un tyran ! j'ai dû briser ses chaînes ;
    Et je viens oublier mes peines
Au sein de l'amitié, moins trompeuse que lui.

    Le chasseur dort, l'aube naissante
N'a point encor semé ses roses dans les cieux ;
    Mais le signal harmonieux,

Le fleuve, et la colline au loin retentissante,
    Et le cerf, et la meute absente,
Poursuivent dans la nuit son oreille et ses yeux.

    Tel, quand la saison des tempêtes
Du matin plus tardif eut rapproché le soir.
    Mon cœur brûlait de te revoir.
Loin des enfans du Nord qui grondaient sur nos têtes,
    Je volais aux rustiques fêtes ;
Et Zéphire et les fleurs égayaient mon espoir.

    Je veux vivre au delà des âges :
Inspirez-moi des chants qui ne meurent jamais,
    Onde paisible, noirs cyprès :
Et que puissent toujours le glaive et les orages
    Respecter ce bois, ces rivages,
Et tous les dieux pasteurs y verser leurs bienfaits !

ODE

sur la situation de la république française durant la démagogie de Robespierre et de ses complices.

[JUIN 1794]

O vaisseau de l'État, fais un dernier effort !
    Vaisseau, battu par les orages,
Tes mâts sont renversés ; viens regagner le port :
    Ces rochers qu'habite la mort
    Sont témoins d'assez de naufrages.

Vois-tu, le fer en main, le meurtre dans les yeux,
    Grandir l'anarchie aux cent têtes ?
Ainsi, du sein des mers s'élevant jusqu'aux cieux,
    Jaillit le géant furieux
    Que vomit le cap des Tempêtes,

Lorsque précipités par la fureur de l'or,
    Les Jasons de Lusitanie
Souillant de leur empire une onde vierge encor,
    Sur l'Océan d'Adamastor
    Faisaient voguer la tyrannie.

Oh ! de nos jours de sang quel opprobre éternel !
    C'est Catilina qui dénonce !
Vergonte et Lentulus dictent l'arrêt mortel ;
    Tullius est le criminel ;
    Céthégus est juge, et prononce.

Des forfaits autrefois les vils machinateurs
    Conjuraient avec la nuit sombre :
Ils siégent maintenant au rang des sénateurs,
    Et les poignards conspirateurs
    Ne sont plus aiguisés dans l'ombre.

Le génie indigné baisse un front abattu
    Sous l'ignorance qui l'opprime :
Du nom de liberté le meurtre est revêtu ;
    Et l'audace de la vertu
    Se tait devant celle du crime.

Le délateur vendu, pour prix de ses poisons,
    Baigne dans l'or ses mains avides ;
Et des pères conscrits les respectables noms,
    Des Marius et des Carbons
    Couvrent les tables homicides.

Le peuple est aveuglé par ses vils ennemis ;
    Des Gracchus la mort est jurée ;
Viens, Septimuléius, viens, meurtrier soumis,
    Contre l'or qui te fut promis
    Échanger leur tête sacrée.

Liberté des Français, que d'infâmes complots
    Ont ralenti ta noble course !

Un monstre a dévoré nos fruits à peine éclos :
  Le sang s'est mêlé dans les flots
  Si purs, si brillans à leur source.

Sur ton front jeune encor, dieux ! quel souffle infernal
  Flétrirait tes palmes altières !
Vas-tu donc ressembler à ce fleuve inégal
  Qui de son opulent cristal
  Baigne le nord de nos frontières ?

Né sur le Saint-Gothard, au milieu des torrens,
  Fils impétueux des montagnes,
Le Rhin, dans sa naissance, ennemi des tyrans,
  Des Suisses, des Germains, des Francs,
  Fertilise au loin les campagnes.

Dans ce vaste jardin, par ses flots embelli,
  Il épanche une urne féconde :
Bientôt ruisseau stérile, et sans cesse affaibli
  Il court dans la fange et l'oubli,
  Cacher l'opprobre de son onde.

Ah ! le peuple français repousse avec horreur
  Ces flétrissantes destinées.
Liberté, chez les rois va porter la terreur ;
  Parmi nous répands le bonheur,
  Comme en tes premières journées !

De la plaine de Mars où sont les jeux charmans ?
  Où sont les fêtes solennelles
Qui, dans la France entière, au milieu des sermens,
  Voyaient, par mille embrassemens,
  S'unir nos cités fraternelles ?

Le soleil, souriant à notre liberté,
    Hâtait le lever de l'aurore,
Et sur l'autel sacré planant avec fierté,
    De son immortelle clarté
    Dorait l'étendard tricolore.

La nuit succède au jour, et le crêpe du deuil
    Couvre nos villes désolées :
La licence aujourd'hui triomphe avec orgueil ;
    La liberté marche au cercueil :
    Les lois l'accompagnent voilées.

Vulcain, vainqueur du Xante, au fond de ses roseaux
    Portait la flamme dévorante :
Ainsi le fanatisme, agitant ses flambeaux,
    Embrase et soulève les eaux
    De la Loire et de la Charente.

Philippe, c'est ainsi qu'en tes champs inhumains,
    De Jule on vit l'image errante,
Le diadème au front, le glaive entre les mains,
    Combattre les derniers Romains
    Et la république expirante,

Quand Brutus, ne voulant ni régner ni servir,
    Voyant Rome à jamais flétrie ;
Accusant la vertu qui le faisait périr,
    Confondit son dernier soupir
    Avec celui de la patrie.

De la France éperdue infortunés enfans,
    Contemplez sa douleur amère ;

Déposez votre rage et vos glaives sanglans :
　　　Ne vous battez plus dans les flancs
　　De votre déplorable mère.

O terre des Gaulois, redoutables remparts,
　　　Champs fortunés, douce contrée,
Bords chéris d'Apollon, de Cérès et de Mars,
　　　Terre hospitalière des arts,
　　Sois libre, opulente, adorée !

Tous les rois sont armés pour déchirer ton sein ;
　　　A leurs yeux rien ne peut t'absoudre :
Mais bientôt, si tu veux mériter ton destin,
　　　Le colosse républicain
　　Réduira tous les rois en poudre.

Imprimant sur ton sol un pied profanateur,
　　　Ils osent te porter la guerre :
Ils trouveront la mort. Peuple triomphateur,
　　　Qu'à ton souffle exterminateur,
　　Ils disparaissent de la terre !

Mais plus de sang français ; laisse frapper les lois :
　　　Leurs vengeances sont légitimes :
Peuple républicain, n'imite point les rois
　　　Dont la fureur a tant de fois
　　Puni les crimes par des crimes.

Renais chez les mortels, aimable égalité ;
　　　Viens briser le glaive anarchique :
Revenez, douces lois, justice, humanité :
　　　Sans les mœurs, point de liberté,
　　Sans vertu, point de république.

ODE.

Loin des murs bruyans de la ville,
Je vais, sous l'ombrage des bois,
Révérer dans Ermenonville
Les mânes du grand Génevois.

Celui qui fit parler Julie,
De la vérité seule épris,
D'une douce mélancolie
Échauffa ses divins écrits.

Jeune encor, de son éloquence
J'ai su goûter l'austérité ;
Presque au sortir de mon enfance
J'ai contemplé la vérité.

J'ai vu l'homme, ennemi perfide,
Habile et prompt à se venger,
Ami léger, faux ou timide,
Amant volage ou mensonger.

Son sort est de porter envie
A ceux dont il est envié,
Persécuté pendant sa vie,
De mourir, et d'être oublié.

ODE.

Le présent fuit avec vitesse,
Le présent échappe à son cœur;
Et, né pour désirer sans cesse,
Il n'est point né pour le bonheur.

Il en goûte au moins l'apparence
Dans le passé, dans l'avenir:
Si la jeunesse a l'espérance,
La vieillesse a le souvenir.

HERMAN ET THUSNELDA.

Traduit de Klopstock.

[1790]

THUSNELDA.

Couvert de sang romain, de sueur, de poussière,
    Il revient des combats sanglans.
Jamais les traits d'Herman ne furent si brillans,
    Et jamais si vive lumière
    Ne jaillit de ses yeux brûlans.

Viens, donne cette épée ; elle est encor fumante.
    Varus a reçu le trépas.
Respire, et viens goûter le repos dans mes bras,
    Sur la bouche de ton amante,
    Loin du tonnerre des combats.

Herman, repose-toi ; que sur ton front j'essuie
    Ton sang et ta noble sueur.
Comme il brûle, ton front ! de Rome heureux vain- [queur.
    Non, jamais Thusnelda ravie
    Ne sentit pour toi cette ardeur :

Non pas même le jour où, sous un chêne antique,
    Herman, par l'amour emporté,
Fuyante, me saisit de son bras indompté.
      J'observai son œil héroïque,
      Et j'y vis l'immortalité.

C'est ton bien désormais. O Germains, plus d'alarmes,
    Germains dont Herman est l'appui.
Honte au divin Auguste! il s'abreuve aujourd'hui
      D'un nectar mêlé de ses larmes:
      Herman est plus divin que lui.

HERMAN.

Laisse là mes cheveux: vois, pâle et sans lumière,
    Le père étendu devant nous.
César, s'il eût osé s'offrir à mon courroux,
      Serait ici dans la poussière,
      Plus pâle et plus couvert de coups.

THUSNELDA.

Que tes cheveux, Herman, en boucles menaçantes,
    Ombragent ton front glorieux.
Ce corps n'est plus Sigmar; ton père est dans les cieux,
      Sèche tes larmes impuissantes;
      Tu le reverras chez les dieux.

ODE
SUR LA MORT
DE MIRABEAU.

*Præcipe lugubres
Cantus, Melpomene, cui liquidam pater
Vocem cum cithara dedit.*
                    Horace.

[1791]

Beaux-arts qu'inventa le génie,
Unissez vos divins efforts;
Lugubre et touchante harmonie,
Fais-nous entendre tes accords.
Marbre, obéis à Praxitèle;
Toile, peins cette âme immortelle
Que les dieux semblaient inspirer :
Et toi, muse patriotique,
Chante le funèbre cantique :
Un grand homme vient d'expirer.

Cité que chérit Amphitrite,
Il attend de toi des autels.
Sur tes bords sa gloire est écrite
En caractères immortels.
Par son éloquence puissante
De notre liberté naissante

ODE SUR LA MORT

Je vois les ennemis vaincus.
Le despotisme en vain conspire,
Le peuple ressaisit l'empire,
Aux accens d'un nouveau Gracchus.

Sur une scène encor plus belle,
Au nom du peuple et de la loi,
Je l'entends, plein du même zèle,
Répondre à l'esclave d'un roi ;
Je vois son courage intrépide
. . . .
. . . .
Lorsque des héros mercenaires,
Dans leurs exploits imaginaires,
Menaçaient les murs de Paris.

Silence, organes de l'envie,
N'outragez plus notre soutien ;
Songez que la France asservie
A vu Mirabeau citoyen.
De ses vertus républicaines,
Les fers, les cachots de Vincennes,
N'ont point abattu la fierté :
C'est là que son mâle génie,
Sous la main de la tyrannie,
Fondait de loin la liberté.

Couvre-toi d'un voile funèbre,
Témoin de ses brillans succès,
Tribune que rendit célèbre
Le Démosthène des Français.
La France, mère inconsolable,

DE MIRABEAU.

Perdant un fils irréparable,
A pris les vêtemens du deuil ;
Et puissent des honneurs si justes
Consoler ses mânes augustes
Dans le silence du cercueil !

Adoptez ces lugubres marques,
Français qui chérissez les lois.
On porte le deuil des monarques :
Un seul grand homme vaut cent rois.
Ce Franklin, qui dans l'Amérique
Fit régner la raison publique,
Au monde était plus précieux
Que tous ces princes dont la gloire
Expire et s'éteint dans l'histoire
Dès qu'on leur a fermé les yeux.

En vulgaires humains féconde,
La nature, à tous les instans,
Sème en foule au milieu du monde
Des esclaves et des tyrans ;
Mais quand l'argile qu'elle anime
Enveloppe un esprit sublime,
Et le cœur altier d'un héros,
Son sein, qu'un tel effort accable,
N'enfante un prodige semblable
Qu'après un siècle de repos.

Jour d'épouvante ! heure suprême !
Du peuple l'immortel appui
Expire au sein du peuple même,
En s'occupant encor de lui.

La douleur le trouve impassible ;
D'un front serein, d'un œil paisible,
Il envisage son trépas ;
Et son âme ferme et sublime
S'agrandit en voyant l'abime
Qui vient de s'ouvrir sous ses pas.

Des pontifes langage austère,
Mortels apprêts, pieux tourmens,
Mirabeau va quitter la terre,
Épargnez ses derniers momens.
Fuyez son vénérable asile,
Préjugés d'un âge imbécile ;
Fuyez, mensonges révérés,
Que la frayeur de nos ancêtres,
L'avarice et l'orgueil des prêtres,
Avaient si longtemps consacrés !

Au fond de la nuit éternelle,
Parmi les ombres descendu,
Il voit la douleur solennelle
Des citoyens qui l'ont perdu.
Paris et la patrie entière
Vont dans sa demeure dernière
Déposer le grand Mirabeau.
Ses restes, que le peuple adore,
Il les voit triompher encore
Et des tyrans et du tombeau.

La France a-t-elle avant notre âge
Honoré ces mortels divins
Dont l'esprit est un héritage

Recueilli par tous les humains?
Ils mouraient : leur cendre sacrée,
Par l'amitié seule entourée,
Marchait vers le funèbre lieu;
Tandis qu'une pompe insolente
Accompagnait l'ombre sanglante
D'un Louvois ou d'un Richelieu.

Du fanatisme étrange exemple!
Opprobre d'un siècle si beau!
A Sulpice on élève un temple,
Voltaire est presque sans tombeau!
Mort, il cherche encore un asile;
Un ordre des tyrans exile
Ses vains et précieux débris;
Et, dans leur stupide colère,
De sa dépouille tutélaire
Ils ont déshérité Paris.

Des grands hommes de la patrie
Nous verrons les mânes un jour,
Famille imposante et chérie,
Habiter un commun séjour.
Tel, au milieu des sept collines,
S'élevait sous des mains divines
Ce temple superbe et vanté
Où, par la piété romaine,
Dans les murs de la cité reine,
On vit l'Olympe transporté.

Ennemis de la tyrannie,
Visitez ces augustes lieux;

Vertu, raison, talens, génie,
Voilà vos patrons et vos dieux.
Souvent la nation nouvelle,
Offrant un hommage fidèle
A ces mânes idolâtrés,
Viendra sur la chose publique
Consulter la patrie antique,
Au fond des monumens sacrés.

Toi que la France désolée
Appelle en vain dans ses regrets,
Mirabeau, de ton mausolée
J'ornerai du moins les cyprès.
Lorsque ta fatale journée,
Par chaque printemps ramenée,
Renouvellera nos douleurs,
Je chanterai tes nobles veilles,
Et, sur le marbre où tu sommeilles,
Tu sentiras couler mes pleurs.

Hymne

sur la translation du corps de Voltaire au Panthéon français; chanté à Paris, le 12 juillet 1791; musique de Gossec.

Ah! ce n'est point des pleurs qu'il est temps de répandre;
C'est le jour du triomphe, et non pas des regrets.
Que nos chants d'allégresse accompagnent la cendre
    Du plus illustre des Français!

Jadis, par les tyrans, cette cendre exilée,
Au milieu des sanglots fuyait loin de nos yeux :
Mais par un peuple libre aujourd'hui rappelée,
    Elle vient consacrer ces lieux.

Salut, mortel divin, bienfaiteur de la terre;
Nos murs, privés de toi, vont te reconquérir;
C'est à nous qu'appartient tout ce qui fut Voltaire :
    Nos murs l'ont vu naître et mourir.

Ton souffle créateur nous fit ce que nous sommes :
Reçois le libre encens de la France à genoux;

HYMNE.

Sois désormais le dieu du temple des grands hommes,
    Toi qui les as surpassés tous.

Le flambeau vigilant de la raison sublime
Sur des prêtres menteurs éclaira les mortels ;
Fléau de ces tyrans, tu découvris l'abîme
    Qu'ils creusaient au pied des autels.

Tes tragiques pinceaux, des demi-dieux du Tibre
Ont su ressusciter les antiques vertus ;
Et la France a conçu le besoin d'être libre
    Aux fiers accens des deux Brutus.

Sur cent tons différens, ta lyre enchanteresse,
Fidèle à la raison comme à l'humanité,
Aux mensonges brillans inventés par la Grèce,
    Unit la simple vérité.

Citoyens, courez tous au-devant de Voltaire ;
Il renaît parmi nous, grand, chéri, respecté,
Comme à son dernier jour, ne prêchant à la terre
    Que Dieu seul et la liberté.

Il cherche en vain ces tours, cet enfer du génie,
Dont son aspect deux fois fit le temple des arts ;
La Bastille est tombée avec la tyrannie
    Qui bâtit ses triples remparts.

Il voit ce Champ-de-Mars, où la liberté sainte
De son trône immortel posa les fondemens ;
Des Français rassemblés dans cette auguste enceinte
    Il reçoit les seconds sermens.

HYMNE.

Le Fanatisme impur, cette sanglante idole,
Suit le char de triomphe avec des cris affreux ;
Tels Émile ou César, aux murs du Capitole,
    Traînaient les rois vaincus par eux.

Moins belle fut jadis sa dernière victoire,
Lorsqu'aux jeux du théâtre un peuple transporté,
A ce vieillard mourant sous le poids de la gloire,
    Décernait l'immortalité.

La Barre, Jean Calas, venez, plaintives ombres,
Innocens condamnés, dont il fut le vengeur,
Accourez un moment du fond des rives sombres,
    Joignez-vous au triomphateur.

Chantez, peuples pasteurs, qui des monts helvétiques
Vîtes longtemps planer cet aigle audacieux ;
Habitans du Jura, que vos accens rustiques
    Portent sa gloire jusqu'aux cieux.

Fils d'Albion, chantez, Américains, Bataves,
Chantez ; de la Raison célébrez le soutien :
Ah ! de tous les mortels qui ne sont point esclaves,
    Voltaire est le concitoyen.

Vous, peuples, qu'en secret lasse la tyrannie,
Chantez : la liberté viendra briser vos fers ;
Sa main dresse en nos murs un autel au génie :
    C'est un beau jour pour l'univers.

Dieu des dieux, Roi des rois, Nature, Providence,
Être seul immuable et seul illimité,
Créateur incréé, suprême Intelligence,
    Bonté, Justice, Éternité :

HYMNE.

Tu fis la liberté; l'homme a fait l'esclavage;
Mais souvent dans son siècle un mortel inspiré,
Pour les siècles suivans, de ton sublime ouvrage
  Conserve le dépôt sacré.

Dieu de la liberté, chéris toujours la France;
Fertilise nos champs, protége nos remparts;
Accorde-nous la paix, et l'heureuse abondance,
  Et l'empire éternel des arts.

Donne-nous des vertus, des talens, des lumières,
L'amour de nos devoirs, le respect de nos droits,
Une liberté pure, et des lois tutélaires,
  Et des mœurs dignes de nos lois!

ÉPIGRAMMES.

[1788]

I.

Lemierre, ah! que ton Tell avant-hier me charma!
J'aime ton ton pompeux et ta rare harmonie!
    Oui, des foudres de son génie
    Corneille lui-même l'arma.

II.

Ami Sautreau, vos vers, votre notice,
Vos almanachs sont d'un goût excellent;
Votre journal, plein d'esprit, de justice;
Et d'Aquin seul vous égale en talent.
Aucuns pourtant, gens d'une humeur caustique,
Osent se plaindre; ils disent qu'un critique
De ce qu'il sait doit parler seulement.
Concevez-vous leur maligne insolence,
Ami Sautreau? De ce qu'il sait! vraiment,
Ils voudraient donc vous réduire au silence?

III.

Sur la résurrection de l'Année littéraire.

Las! il revient mon Ane littéraire!
Mon gentil Ane, ami de Jean Fréron!

L'avez-vous vu l'aimable Aliboron ?
—Non; mais je crois l'avoir entendu braire.

IV.

Sur JACQUES *le poète, et* JEAN *le libraire.*

Jacques le grand, l'aigle de nos poètes,
Six francs par vers vend son poëme entier :
Jean l'acheteur, nigaud de son métier,
Lui dit trop tard : Jacques, vous me surfaites.
En vous lisant on m'appelle un vrai fou,
Lorsqu'on veut même user de politesse;
Dans ces vers-là le tiers vaut six francs pièce;
Mais les deux tiers ne valent pas un sou.

V.

La Confession de LA HARPE.

Rassurez-vous, mon Armide est de glace,
Disait la Harpe à son cher directeur :
Clorinde est plate, Herminie est sans grâce;
Mes vers dévots ont quelque pesanteur;
Un saint ennui du plaisir prend la place :
Car ce n'est point par un orgueil d'auteur,
C'est en chrétien que je traduis le Tasse,
Pour mes péchés et pour ceux du lecteur.

VI.

Sur un député gascon.

Que des humains la faiblesse est étrange !
Dit, l'autre jour, un député gascon.

Depuis neuf ans émule de Solon,
Avec pitié je vois comme tout change.
Chaque parti devient minorité.
Mais, narguant seul la publique inconstance,
Depuis neuf ans, grâce à ma conscience,
Je suis toujours dans la majorité.

VII.

Les deux Missionnaires.

1802.

Or, connaissez-vous, en France,
Certain couple sauvageon,
Prisant peu la tolérance :
Messieurs la Harpe et Naigeon ?

Entre eux il s'élève un schisme,
L'un étant grave docteur,
Ferré sur le catéchisme,
L'autre, athée inquisiteur.

Tous deux brâillent comme pies ;
Déistes ne sont leurs saints ;
La Harpe les nomme impies ;
Naigeon les dit capucins.

A ces oracles suprêmes,
Bonnes gens, soyez soumis :
Nul n'aura d'esprit qu'eux-mêmes ;
Ils n'ont pas d'autres amis.

Leur éloquence modeste
Amollit les cœurs de fer ;
La Harpe a le feu céleste,
Et Naigeon le feu d'enfer.

Partout ces deux Prométhées
Vont créant mortels nouveaux ;
La Harpe fait les athées,
Et Naigeon fait les dévots.

VIII.

Sur Cadet, amateur du feu et de la roue.

Le vin d'Arcueil et les pommes de terre
De mon génie exerçaient la hauteur ;
Mais on verra Cadet législateur :
Paix, Montesquieu, Beccaria, Voltaire,
Chez vous, Français, nul bûcher n'est dressé ;
On ne rompt plus ; le bon temps est passé :
C'est grand' pitié ; Cadet brâille et s'enroue.
Si vous avez peu de goût pour le feu ;
Si vous craignez d'écarteler un peu ;
Soyez humains : accordez-moi la roue.

IX.

Sur une actrice jouant le rôle de Phèdre.

O Phèdre ! dans ton jeu que de vérité brille !
Oui, de Pasiphaé je reconnais la fille,
Les fureurs de sa mère, et son tempérament,
    Et l'organe de son amant.

ÉPIGRAMMES.

X.

Sur ce que LA HARPE *avait posé comme règle générale qu'aucun adjectif en* ique *ne peut produire un verbe en* iser.

Si par une muse électrique
L'auditeur est électrisé,
Votre muse paralytique
L'a bien souvent paralysé ;
Mais quand il est tyrannisé,
Parfois il devient tyrannique :
Il siffle un auteur symétrique ;
Il rit d'un vers symétrisé,
D'un éloge pindarisé,
Et d'une ode antipindarique.
Vous avez trop dogmatisé :
Renoncez au ton dogmatique ;
Mais restez toujours canonique,
Et vous serez canonisé.

XI.

Sur l'entrée d'un vieil abbé à l'Académie française.

Ce timbalier philosophique,
Admis parmi les vétérans,
Dans le fauteuil académique,
Prend la palme des mécréans ;
Mais qu'on plaisante ou qu'on raisonne
Sur ce choix tant que l'on voudra,
Il est certain qu'il est mieux là
Qu'il ne fut jamais en Sorbonne.

XII.

Quand l'abbé Morellet écrit,
Ne lui demandez pas d'esprit,
C'est un impôt dont il s'exempte ;
Et ce doyen des vieux enfans
Ne tient pas à quatre-vingts ans
Ce qu'il promettait à soixante.

XIII.

Sur la réélection du cardinal Maury *à l'Académie française, en 1807.*

Dubois * aux enfers a bien ri,
Quand il a vu l'Académie,
Puisant dans son Histoire une loi d'infamie,
Donner du monseigneur au cardinal Maury.
Oh ! parbleu ! s'écria le cuistre,
J'étais, j'en conviens aujourd'hui,
Vil, insolent et vénal comme lui,
Mais le drôle n'est pas ministre.

XIV.

Sur R***.

Jean R***, ennuyeux journaliste,
De son squelette a fait peindre les traits :
Vingt connaisseurs, rassemblés tout exprès,

---

* Le cardinal Dubois.

Sont à loisir consultés par l'artiste.
Çà, mes amis, est-il bien ressemblant?
A ce visage avec soin je travaille.
Nul ne répond; chacun regarde et bâille.
Bon, dit le peintre, on bâille, il est parlant.

XV.

*Sur les trois Traductions en vers de la Jérusalem
délivrée.*

Clément, la Harpe et Lormian Balour,
Vont traduisant le chantre d'Herminie.
Ainsi traduire est pure calomnie :
Leurs vers menteurs l'ont rendu sec et lourd.
Qu'eût fait Pâris entre ces trois grands hommes?
Eût-il donné la pomme à l'un des trois?
Non : mais, entre eux ne pouvant faire un choix,
A tous les trois il eût jeté des pommes.

XVI.

*Contre le prince Talleyrand de Périgord, ancien
évêque d'Autun, aujourd'hui prince de Bénévent.*

L'adroit Maurice, en boitant avec grâce,
Aux plus dispos pouvant donner leçons,
Au front d'airain unissant cœur de glace,
Fait, comme on dit, son thème en deux façons :
Dans le parti du pouvoir arbitraire
Furtivement il glisse un pied honteux ;
L'autre est toujours dans le parti contraire ;
Mais c'est celui dont Maurice est boiteux.

XVII.

Contre le même personnage.

Roquette dans son temps, Talleyrand dans le nôtre,
    Furent tous deux prélats d'Autun ;
    Tartufe est le portrait de l'un :
    Ah ! si Molière eût connu l'autre !

HOMMAGE

A UNE BELLE ACTION.

Quel est ce Remi généreux
Qui, s'armant d'un courage heureux,
Arrache au Danube en furie
Quarante-deux vaillans soldats,
Blessés au milieu des combats
Qu'ont vus les plaines de Hongrie!
Dans la Champagne non Pouilleuse,
Il fut un Remi qui jadis
Reçut l'ampoule merveilleuse
Dont il oignit, dit-on, Clovis.
Mais j'ai dévotion plus grande
Au Remi du pays Messin,
N'en déplaise au dévot essaim
Des amateurs de la Légende.
Au paradis des vrais croyans
Sous les clefs de Pierre l'apôtre,
Il est juste de laisser l'autre.
Par des écrits reconnaissans
Il convient de placer le nôtre
Au paradis des bienfaisans :
Doux et paisible sanctuaire,
Qu'ouvrit dans le siècle dernier

HOMMAGE

L'excellent abbé de Saint-Piérre,
Digne d'en être le portier.

Aux sons de la trompette épique,
Si je pouvais unir ma voix,
Je célébrerais les exploits
De ce conquérant héroïque
Qui, du Bétis à la Baltique,
Fait, protége ou punit les rois :
J'oserais crayonner l'histoire
Du chef éminent des Français,
Tous ces prodigieux succès
Qu'on voit, et qu'on a peine à croire;
Et je peindrais son char de gloire
Que, par élans précipités,
Au sein des royales cités
Font voler Mars et la Victoire :
Des peuples dont il est l'appui
J'annoncerais les destinées;
Des généraux vainqueurs sous lui
Je dirais les nobles journées;
Et quelquefois je gémirais,
En voyant du Danube à l'Èbre
Le laurier voisin du cyprès;
Mais c'est par une mort célèbre
Que s'immortalise un guerrier :
Au milieu du champ meurtrier,
Autour de la pierre funèbre,
S'élève et grandit le laurier.

Cessons des efforts inutiles;
Trêve à d'ambitieux discours :

A UNE BELLE ACTION.

Il faut un Homère aux Achilles :
Et l'Alexandre de nos jours
N'a trouvé que trop de Chériles.
Dans notre médiocrité,
Un assez bel emploi nous reste ;
Par un hommage mérité,
De son injuste obscurité
Consolons la vertu modeste.
Voulons-nous louer à propos ?
Louons des mortels estimables :
Celui qui sauve ses semblables
Est au premier rang des héros.
Vous dont l'orgueilleuse faiblesse
Hors des titres ne voit plus rien,
Si le nom de Remi vous blesse,
Un beau trait lui sert de soutien ;
C'est le nom d'un homme de bien ;
Il a ses titres de noblesse.
Les fiers enfans de Romulus
Auraient dans leur place publique
Posé la couronne civique
Sur le front de Remigius ;
Et, pour des nations sensées,
Quelques vertus récompensées
Valent bien les romans nouveaux,
Les opéras à grands chevaux,
Les lamentables comédies,
Les pitoyables tragédies,
Intarissables rapsodies,
Qu'attendent les prix décennaux.

CHANTS IMITÉS D'OSSIAN.

MINVANE.

Minvane inquiète, éperdue,
Loin de Ryno, son tendre amant,
Sur le roc de Morven contemplait tristement
Les mers et leur vaste étendue.
Nos guerriers revenaient vainqueurs ;
Elle les voit de loin ; tremblante elle s'écrie :
«Ryno, viens-tu revoir une amante chérie ?
»Où donc es-tu, Ryno ? Viens essuyer mes pleurs.»

Nos regards baissés vers la terre,
Lui répondaient : Ryno n'est plus,
Il est tombé dans les champs de la guerre,
Entouré d'ennemis vaincus.
Son âme est au sein d'un nuage ;
Et le long des monts et des bois,
On entend les zéphyrs unis sur le rivage
Au doux murmure de sa voix.

MINVANE.
Ullin, quoi ! dans tes vertes plaines
Le fils de Fingal est tombé !

CHANTS IMITÉS D'OSSIAN.

Sous quel bras invincible a-t-il donc succombé?
Et moi, je reste seule! Ah! terminons nos peines.
Vents qui troublez les airs, qui soulevez les flots,
  Imposantes voix des orages
  Qui vous mêlez à mes sanglots,
 J'irai chercher Ryno dans les nuages.
Ryno, dans les forêts quand tu portais l'effroi,
Nos chasseurs enviaient ton ardeur et ta grâce;
Mais l'ombre de la mort t'environne et te glace;
  Le silence habite avec toi.

Qu'est devenu ton glaive, à la foudre semblable?
 Qu'est devenu ton arc étincelant,
  Ton bouclier impénétrable,
Ta lance, dont le fer était toujours sanglant?
  Je vois tes armes entassées
  Sans toi briller sur ton vaisseau,
  On ne les a donc point placées
Près de ton corps chéri dans le fond du tombeau?
  Quand viendra désormais l'Aurore
Te dire en souriant : « Debout, jeune guerrier;
 »Entends-tu les chiens aboyer?
»Le cerf est loin d'ici; Ryno sommeille encore! »
Belle Aurore, il sommeille, il n'entend plus ta voix;
Les timides chevreuils sortent de leur retraite :
Vois bondir sans frayeur sur sa tombe muette
  Les cerfs qu'il chassait dans les bois.

  En vain la mort a fermé ta paupière,
  O mon héros, je marcherai sans bruit,
  Pour me glisser en ta couche dernière,
  Dans le silence et l'ombre de la nuit.

Vous qui m'aimez, vous, mes jeunes compagnes,
Vous me cherchez, vous ne me trouvez pas :
Je crois vous voir en nos belles campagnes
Suivre en chantant la trace de mes pas.

Vos chants si doux plaisaient à mon oreille;
Loin de Ryno, vous charmiez mon ennui :
Ne chantez plus; mon cher Ryno sommeille;
Ce qu'il aima sommeille auprès de lui.

Les Chants de Selma.

Étoile de la nuit, dont la tête brillante
Sort du nuage épais qui rembrunit les cieux;
Astre qui, parcourant la route étincelante,
Imprimes sur l'azur tes pas silencieux,
  Que regardes-tu dans la plaine?
Le vent du jour retient son orageuse haleine;
On entend s'éloigner le fracas du torrent;
 Au pied du roc le flot tombe expirant;
Les insectes du soir font distinguer à peine
  Un monotone et léger bruit :
   Belle compagne de la nuit,
  Que regardes-tu dans la plaine?
  Mais déjà sur le bord des cieux,

En souriant, tes feux s'abaissent ;
Autour de toi les flots se pressent,
Baignent et mollement caressent
Tes cheveux blonds et radieux.
De mon génie éteint que la splendeur première
Se rallume, et succède à tes rayons voilés.
Je le sens, il renaît ; je vois à sa lumière
Sur le mont de Lora mes amis rassemblés :
Au palais de Fingal je crois encore entendre
Les bardes, mes rivaux; le vénérable Ullin;
Ryno, fier et brûlant; l'harmonieux Alpin,
Et Minona, si plaintive et si tendre !
C'est donc vous, mes amis ! que vous êtes changés !
O fêtes de Selma, quelle était votre gloire,
Lorsqu'auprès de Fingal tous les bardes rangés
Du chant disputaient la victoire,
Comme au printemps fleuri les zéphyrs caressans
Volent sur la colline où jaillit l'onde pure,
Et viennent tour à tour, avec un doux murmure,
Agiter les gazons naissans !

Un jour, en ces temps mémorables,
Minona vint chanter, au palais de Selma,
Les aventures déplorables
Du beau Salgar et de Colma.
Les yeux baissés, mouillés de larmes,
Elle avança, pleine de charmes,
Au sein des héros attendris :
Ils avaient vu souvent la tombe solitaire
Qui de ces deux amans renfermait les débris.
Salgar, près de quitter l'amante la plus chère,
Lui dit : « Je serai de retour

« Avant que sur ce mont la nuit chasse le jour. »
Salgar ne revient pas, la nuit reprend son ombre;
Et, seule avec l'effroi, présage du malheur,
Colma soupire ainsi sur la colline sombre
  Et sa tendresse et sa douleur:

COLMA.

Seule, durant la nuit, vers un champêtre asile,
  Je traîne en vain mes pas errans;
J'entends au pied du mont, sur la roche immobile,
  Rugir les orageux torrens.

O lune, sors du sein de la montagne obscure;
  Étoiles, ne vous cachez pas :
Calmez, feux bienfaisans, la peine que j'endure;
  Vers mon amant guidez mes pas.

Pourquoi donc tarde-t-il ? qui peut à ma tendresse,
  Qui peut si longtemps l'arracher ?
Voici tous les témoins de sa douce promesse,
  Le ruisseau, l'arbre et le rocher !

Salgar, entends la voix de ta Colma fidèle;
  Torrens, taisez-vous un instant :
Salgar, sur le rocher c'est Colma qui t'appelle,
  Près du ruisseau l'arbre t'attend.

La lune enfin paraît ; je vois l'onde agitée
  Battre les rochers et les monts;
Mais je ne lo vois point sur leur cime argentée,
  Ni dans le creux de ces vallons.

Qui sont ces deux guerriers couchés sur la poussière ?
    Près de Salgar mon frère dort.
Ciel ! deux glaives sanglans ! ô Salgar, ô mon frère,
    Vous dormez du sommeil de mort !

Ombres chères, parlez à Colma désolée,
    Du haut des monts silencieux ;
Parlez, répondez-lui ; quelle grotte isolée
    Peut vous présenter à ses yeux ?

Venez, amis des morts ; que leur tombe sacrée
    S'élève ici parmi les fleurs :
Mais ne la fermez pas que je n'y sois entrée ;
    Alors, donnez-nous quelques pleurs.

Selma voyait fleurir ma vie à peine éclose ;
    L'orage vient de la sécher :
Entre les deux héros que mon ombre repose,
    Près du ruisseau, près du rocher.

Quand je verrai la nuit monter sur la colline,
    Je viendrai sur l'aile des vents ;
Le chasseur égaré dans la forêt voisine
    Entendra de loin mes accens.

Il dira : « C'est Colma qui soupire et qui chante. »
    Et ses sens seront attendris ;
Car mes chants seront doux, ma voix sera touchante,
    En pleurant deux guerriers chéris.

    Ainsi Minona, l'œil humide,
    Chantait ; une aimable rougeur
    Embellissait son front timide ;
    Le chagrin serrait notre cœur.

Colma faisait couler nos larmes,
Lorsqu'on vit s'avancer Ullin ;
Il touchait sa harpe, et d'Alpin
Répétait les chants pleins de charmes.
Alpin fit admirer ses sons mélodieux ;
Ryno, fils de Fingal, eut une âme enflammée :
Mais alors dans la tombe, auprès de leurs aïeux,
Leur dépouille était renfermée.
Selma n'entendait plus leur voix ;
Ullin chassait un jour, et, dans le fond des bois,
Leurs chants frappèrent son oreille :
Tous deux ils déploraient la chute de Morar :
A l'âme de Fingal son âme était pareille,
Et son glaive à celui d'Oscar.
Son père d'un tel fils pleura la destinée.
Que de pleurs répandit sa sœur infortunée !
Cette sœur, c'était Minona :
D'un cruel souvenir atteinte,
Lentement elle s'éloigna
Aussitôt que d'Ullin elle entendit la plainte.

Ainsi l'on voit au haut des cieux
La lune, prévoyant l'orage,
Sous le voile épais d'un nuage
Dérober son front radieux.

RYNO.

Le milieu du jour est tranquille :
On n'entend plus gronder la tempête et les vents ;
On voit voler dans l'air les nuages flottans ;
Et de l'astre du jour la lumière mobile
Dore les monts voisins de ses rayons tremblans.

IMITÉS D'OSSIAN.

Fougueux torrent, j'aime à t'entendre
Rouler dans le vallon les bondissantes eaux ;
Ton murmure me plaît. J'entends des sons plus beaux;
Fais silence avec moi ; c'est la voix douce et tendre
Du solitaire Alpin pleurant sur les tombeaux.

Il est appesanti par l'âge ;
Des pleurs baignent ses yeux. Noble enfant des cou-
Pourquoi, seul sur les monts silencieux, déserts, [cerfs,
Gémis-tu comme un flot mourant sur le rivage,
Ou comme en la forêt le souffle des hivers ?

ALPIN.

Ryno, c'est sur les morts que je répands des larmes ;
Alpin chante pour vous, habitans du tombeau.
Debout dans ta hauteur, et couvert de tes armes,
Des enfans de la plaine aujourd'hui le plus beau,
Tu triomphes ; bientôt le voyageur sensible
Doit s'asseoir et pleurer sur ton cercueil paisible;
Comme le grand Morar tu tomberas un jour :
    Tu ne verras plus tes collines ;
Et ton arc redouté dans les forêts voisines
T'attendra vainement au fond de son séjour.

Morar, bel ornement des combats et des fêtes,
Le timide chevreuil fut moins léger que toi ;
Le météore ardent, la fureur des tempêtes,
Chez les enfans des monts répandaient moins d'effroi:
Ainsi que les torrens et la foudre lointaine
Ta voix grondait ; l'éclair dans le sein de la plaine
Brillait moins que ton glaive au milieu des combats:

Devant ton courage intrépide
Les héros pâlissaient : et ta lance homicide
Comme un feu dévorant consumait les soldats.

Mais quel aimable front loin des champs du carnage !
Le soleil est moins pur en dissipant l'orage;
Moins doux sont les rayons de l'astre de la nuit.
Tu revenais vainqueur, et ton âme tranquille
    Ressemblait au lac immobile
Lorsque des vents muets on n'entend plus le bruit.
Un long crêpe a voilé tes collines désertes;
Je mesure en trois pas le lieu que tu remplis :
Quatre pierres sans art et de mousse couvertes
Sous leur enceinte étroite enferment tes débris;
Un arbre qui n'a plus qu'une feuille tremblante,
Des gazons attristés la tige frémissante,
Indiquent ton cercueil au regard des chasseurs;
    Ta mère a terminé sa vie ;
La fille de Morghan, ton amante chérie,
N'est plus; ta cendre éteinte appelle en vain ses pleurs.

Quel est donc ce vieillard qui s'avance avec peine?
L'âge a courbé son front couvert de cheveux blancs;
Ses yeux rougis de pleurs sont errans sur la plaine;
Un bâton sert de guide à ses pas chancelans.
C'est ton père, ô Morar ! il a d'un fils unique
Entendu célébrer la valeur héroïque ;
Comment peut-il encore ignorer son trépas?
    Gémis, père infortuné, pleure,
Mais ton fils, étendu dans sa sombre demeure,
Est caché sous la tombe et ne te répond pas.
Morar, prête l'oreille à la voix paternelle :

Ah! de l'astre du jour la splendeur éternelle
Peut-elle pénétrer dans l'ombre du tombeau?
Des rayons du matin quand la douce lumière
  Doit-elle rouvrir la paupière,
Et de tes jours éteints rallumer le flambeau?
Adieu, jeune guerrier, ta main ferme et vaillante
Ne dirigera plus d'inévitables traits:
Adieu, chef des héros, ton armure brillante
Ne luira plus de loin dans l'ombre des forêts.
Tu n'embelliras plus les champs de la victoire;
Aucun fils de Morar ne rappelle sa gloire;
Mais Alpin désolé garde son souvenir:
   Consacrés par mes chants funèbres,
Les exploits de Morar perceront les ténèbres;
Son nom retentira dans les temps à venir.

Notre âme était ouverte à la mélancolie
  En écoutant les chants d'Alpin:
Mais un profond soupir partit du cœur d'Armin:
  Il revoit l'image chérie
De son fils moissonné dans la fleur de sa vie.
Armin, lui dit Colmar, dissipe les douleurs
  Dont je vois ton âme saisie;
  Des chants la douce mélodie
  Attendrit et charme les cœurs:
  C'est ainsi qu'on voit les vapeurs
Monter du sein d'un lac, se grossir et s'étendre,
  Et goutte à goutte se répandre
  Dans le vallon silencieux:
Des larmes du matin les bosquets se remplissent,
  Et les vapeurs s'évanouissent
Dès que l'astre du jour reparaît dans les cieux.

ARMIN.

Il est grand le sujet qui cause ma tristesse :
Colmar n'a point perdu sa fille ni son fils;
Et Colgar, Anyra, charmes de sa vieillesse,
  Sous ses yeux vivent réunis.
  Les rejetons de ta famille,
Cultivés par tes soins, fleurissent près de toi;
  Je n'ai plus de fils ni de fille,
Et de ma race éteinte il ne reste que moi.
Daura, ma bien-aimée, ô fille aimable et tendre,
Qu'il est sombre ton lit! qu'il est lourd ton sommeil!
Finira-t-il bientôt? Pourrai-je encore entendre
  Les doux accens de ton réveil?
  Nuit effroyable pour un père!
Vents orageux d'automne, il est temps, levez-vous;
  Soufflez sur la noire bruyère,
Agitez le bois sombre et le fleuve en courroux.
Vous, tempêtes, grondez dans la cime des chênes;
  Vous, torrens des monts, rugissez;
  Descendez, inondez nos plaines.
  Sur les nuages dispersés
Parais, astre des nuits; lance par intervalle
  Un feu mélancolique et pâle;
Rappelle-moi l'instant où mon fils, mon orgueil,
Arindal, expira dans cette nuit cruelle:
  L'instant où ma fille si belle
  A rejoint son frère au cercueil.

  Hélas! à la vue enchantée
  Tu brillais, ma chère Daura,
  Ainsi que la lune argentée
  Sur les collines de Fura,

Ta blancheur surpassait la neige éblouissante ;
  Selma chérissait tes accens :
  Et des vents légers du printemps
  La voix était moins caressante.
Rien n'égalait, mon fils, la vigueur de ton bras,
Ni ton arc, ni ta lance, au milieu des combats.
Ton regard ressemblait aux vapeurs de l'orage
Qui tourmente les flots et déchaîne les vents,
  Et ton bouclier, au nuage
  Qui porte la foudre en ses flancs.

Almar, guerrier fameux, vint, et vit ma famille ;
Il obtint la tendresse et la main de ma fille ;
Cette aimable union charmait mes derniers jours ;
Les vieillards souriaient à leurs jeunes amours.
Mais Érin, fils d'Ogdal, voulant venger son frère
Mort sous la main d'Almar dans les champs de la
    guerre,
Vient, descend sur le bord, laisse sa barque à flot.
Sous de faux cheveux blancs, tel qu'un vieux matelot,
Il se montre à ma fille : « O belle entre les belles,
»Que tous vos jours, semés de délices nouvelles,
»Ignorent l'infortune et les chagrins amers !
»Dans l'île qui paraît jaillir du sein des mers,
»Sous le roc blanchissant dont vous voyez la tête
»Dominer sur les flots et braver la tempête,
»De fruits délicieux un arbre est couronné :
»Almar attend Daura dans ce lieu fortuné ;
»Sur ce léger bateau vous y serez conduite. »
Ma fille, au nom d'Almar, facilement séduite,
Va, court, franchit les flots, la rive, le rocher :
« Almar, où donc es-tu ? Daura vient te chercher. »

Tout se tait ; du rocher la voix seule attentive
Répète les accens de ma fille plaintive.
Le cruel fils d'Ogdal, la joie au fond du cœur,
En éclats insultans prolonge un ris moqueur :
Il regagne le bord. Ma fille solitaire
Appelle à son secours et son frère et son père :
« Ne me laissez pas seule en proie à ma douleur;
»D'une sœur, d'une fille écartez la frayeur;
»Écartez les dangers et la mort menaçante. »
Sa plainte vient frapper la rive gémissante.
Du butin de la chasse, Arindal hérissé,
L'entend du mont voisin ; d'un pas vif et pressé
Il descend; sur son dos ses flèches invincibles
Retentissent; son arc est dans ses mains terribles ;
Cinq dogues noirs, pareils en vigueur, en beauté,
Suivent, tout haletans, le chasseur indompté :
Érin, malgré sa fuite, atteint, saisi sans peine,
Est lié par mon fils aux rameaux d'un vieux chêne;
Ses membres sont serrés par de robustes nœuds,
Et ses ris sont changés en longs cris douloureux.
Arindal aussitôt dans la barque fragile
S'élance : d'un bras ferme il tient la rame agile,
Et vers le roc fatal s'avance avec effort :
Almar au même instant paraît sur l'autre bord,
Il voit mon fils, croit voir le ravisseur perfide,
Et pour venger Daura tend son arc homicide :
Mon fils! la flèche vole et va percer ton cœur!
Malheureuse Daura, quelle fut ta douleur
Quand tu vis Arindal, loin de la barque errante,
Vers toi sur le rocher lever sa main mourante,
Et du sang fraternel arroser tes genoux ,
En tombant sous le trait lancé par ton époux :

Almar brave les flots, les torrens et l'orage;
Pour secourir ma fille, il se jette à la nage :
Tandis que sur le roc par les vagues poussé,
Le bateau crie, et vole en éclats dispersé,
Le fougueux vent du nord, des monts rasant la cime,
Fond sur les flots; Almar tombe, revient, s'abîme.
Ma fille, à cet aspect, sur les rochers déserts,
De ses cris impuissans fait retentir les airs.
Pâle flambeau des nuits, à ta faible lumière,
L'œil fixé sur Daura pendant la nuit entière,
Sans que mon désespoir ait pu la secourir,
Je l'entendais crier, je la voyais mourir.
Les aquilons grondaient; les vagues en furie
Battaient les flancs du roc inondé par la pluie;
Quand, semant l'horizon d'un éclat incertain,
L'aurore vint ouvrir les portes du matin,
Daura, cessant de vivre, a cessé de se plaindre;
J'entendis par degrés s'affaiblir et s'éteindre
Les accens douloureux de sa mourante voix.
Comme un léger zéphyr expirant dans les bois.

    Depuis cette nuit désolante,
Dès qu'aux bords du couchant le jour vient d'expirer,
Sur la roche insulaire encor rouge et sanglante,
    Je reviens m'asseoir et pleurer.

    Sitôt que les tempêtes sombres
Du haut des monts voisins descendent sur les flots,
Armin, de ses enfans voyant passer les ombres,
    Les appelle avec des sanglots.

    Quelque jour, d'Armin solitaire,
O ma fille, ô mon fils, n'aurez vous point pitié?

Ils passent sur le mont sans regarder leur père,
  Qui gémit et reste oublié.

  Gloire et soutien de ma vieillesse,
Quand viendrez-vous calmer les ennuis paternels?
Il est grand le malheur qui cause ma tristesse;
  Mes chagrins seront éternels.

Au palais de Selma, dans ses fêtes brillantes,
  Tels furent jadis nos plaisirs :
Ainsi les douces voix et les harpes savantes
De mon père Fingal enchantaient les loisirs :
Sitôt que nos concerts pouvaient se faire entendre,
Les chefs près du héros couraient se rallier ;
Du haut de leur colline on les voyait descendre,
Et des bardes en moi tous vantaient le premier.
  Maintenant ma langue est glacée ;
  La nuit succède aux jours sereins ;
  La vieillesse et les longs chagrins
  Ont éteint mon âme oppressée.
Quelquefois sur les monts je revois mes aïeux ;
  Je veux me retracer leur gloire ;
Je cherche à retenir leurs chants harmonieux ;
Je ne puis les graver dans ma triste mémoire :
La voix du temps me crie : « Ossian, c'est assez ;
»Pourquoi chanter encor? tes beaux jours sont passés;
»Bientôt tu dormiras sous le monument sombre ;
  »Et nul barde, dans l'avenir,
  »Ne viendra consoler ton ombre
  »En célébrant ton souvenir. »
  Hâtez-vous, lentes destinées;
Si desormais la vie est amère pour moi,

Tombe de mes aieux, il est temps, ouvre-toi;
Dévore un barde éteint par le froid des années.
Les enfans des concerts, au tombeau descendus,
Appellent Ossian relégué sur la terre :
Les accens des héros ne sont plus entendus,
Ma voix reste après eux plaintive et solitaire.
    Ainsi, quand les vents en repos
Des pins majestueux n'agitent plus la tête,
Un frémissement sourd prolonge la tempête
    Sur le rocher battu des flots.

AU SOLEIL.

Fragment du poëme de Carthon.

D'où vient de tes rayons l'éternelle lumière,
Soleil ? Tu viens d'ouvrir ta brillante carrière ;
Tes regards ont chassé les astres de la nuit ;
La lune, pâle et froide, au sein des eaux s'enfuit ;
Tu puises dans toi seul le mouvement, la vie :
Qui peut t'accompagner dans ta course infinie ?
On voit au haut des monts les chênes ébranlés
Tomber; on voit les monts lentement écroulés :
L'Océan tour à tour et s'élève et s'abaisse,
Et la lune se perd dans les plaines du ciel :
Le seul astre du jour se réjouit sans cesse.

Inaltérable et pur en son cours immortel.
L'éclair vole, on entend retentir les orages,
La foudre gronde au loin dans les airs sillonnés;
Et tout à coup, Soleil, entr'ouvrant les nuages,
Tu ris de la tempête et des vents déchaînés.
Hélas! pour Ossian ta lumière est perdue :
Tes feux consolateurs n'enchantent plus ma vue,
Quand tes cheveux dorés flottent sur l'orient,
Quand ta lumière tremble au bord de l'occident.
Un jour peut-être, un jour le poids glacé de l'âge
Doit aussi mettre un terme à ton brillant destin;
Et peut-être, endormi dans le sein du nuage,
Tu seras insensible à la voix du matin.
Réjouis-toi, Soleil, et brille en ta jeunesse :
La saison des vieillards amène la tristesse :
C'est l'astre de la nuit dont les pâles rayons
Lancent durant l'hiver leur lumière incertaine,
Lorsque le vent du nord vient fondre sur la plaine,
Lorsqu'un brouillard épais enveloppe les monts,
Et que le voyageur dans sa course lointaine
Tremble en foulant aux pieds la neige et les glaçons.

Clonal et Crimora.

CRIMORA.

Quel est celui que mon œil vient de voir?
Quel est celui qui descend des montagnes,

Pareil au nuage du soir
Quand les derniers rayons colorent les campagnes?
Quelle est la voix dont les accens
Étonnent la forêt calme et silencieuse?
Moins terrible est la voix des vents;
La harpe de Carril est moins mélodieuse.
C'est la voix de mon cher Clonal;
Son glaive brille au loin. Mais la tristesse sombre
Sur le front de Clonal a répandu son ombre :
La guerre a-t-elle éteint la race de Fingal?

CLONAL.

Non; sa race est encor vivante:
J'ai vu du mont voisin descendre ses guerriers,
Et de l'astre du jour la flamme étincelante
Rayonnait sur leurs boucliers.
Du sommet des vertes collines
Un long fleuve de feu semble rouler ses flots;
Longtemps sont prolongés dans les forêts voisines
Les cris de nos jeunes héros.
Demain Dargo, dans sa furie,
Contre nous vient tenter le sort;
Mais du puissant Fingal la race est aguerrie
Aux combats, au sang, à la mort.

CRIMORA.

Du fier Dargo j'ai vu les voiles
Sur la route des mers s'avancer lentement:
Moins nombreuses sont les étoiles
Dans les plaines du firmament.

CLONAL.

Nos glaives brilleront sur la rive étrangère.
Crimora, viens armer mon bras;

Donne le bouclier de Vinval, de ton père,
    Que je vole aux champs des combats !

          CRIMORA.

    Tiens : son bouclier, sa vaillance,
Ont su le rendre illustre, et non le secourir.
Il combattit Gormar, et périt sous sa lance ;
    Peut-être aussi dois-tu périr.

          CLONAL.

    Je peux tomber, mais non sans gloire ;
Alors tu dresseras le tombeau d'un amant :
Des pierres, des gazons, fragile monument,
    Sauront conserver ma mémoire.
La lumière du jour est moins belle que toi ;
Le zéphyr du vallon moins tendrement soupire ;
C'est pour toi, douce amie, en toi que je respire ;
Et cependant je pars ! tu vivras loin de moi !
Frappe ton sein charmant si ma valeur succombe ;
    Entonne le chant des douleurs :
    Souviens-toi d'élever ma tombe ;
    Souviens-toi d'y verser des pleurs.

          CRIMORA.

    Je veux aussi, je veux des armes,
Le bouclier, le glaive et la lance d'acier :
Au féroce Dargo reportons les alarmes :
Je combattrai moi-même auprès de mon guerrier.
Adieu, rochers d'Arven ; adieu, chevreuils sauvages,
    Torrens aux bondissantes eaux :
Nous ne reviendrons plus : sur les lointains rivages
    Nous allons chercher des tombeaux.

Le Dernier hymne d'Ossian.

Roule tes flots d'azur en ces riants bocages,
Torrent; viens de Lutha visiter les vallons:
    Penchez-vous, ô forêts des monts!
Du séjour de Toscar ombragez les rivages,
Quand le midi brûlant y darde ses rayons.

En inclinant son front, la fleur à peine éclose
Dit : « Souffle du printemps, permets que je repose;
»Ce matin belle encor, le soir va me flétrir.
»Ma tête, qui déjà se penche languissante,
    »A besoin de se rafraîchir
  »Dans la rosée humide et caressante,
    »Dont la nuit vient de me couvrir.
»Le chasseur qui m'a vue en ma beauté naissante,
    »Le chasseur reviendra demain;
»Ses yeux me chercheront au sein de la prairie,
»Par mon éclat fragile un moment embellie;
    »Ses yeux m'y chercheront en vain. »

Ainsi les voyageurs, quand l'aurore vermeille
D'une lueur timide aura semé les cieux,
Près du toit d'Ossian viendront prêter l'oreille
    A ses accents harmonieux.

Ossian dormira; leur oreille attentive
Ne retrouvera plus ni sa harpe plaintive,
Ni sa voix, des héros célébrant les malheurs.
«Qu'est devenu celui qui chantait la victoire,
»Le fils du grand Fingal, l'héritier de sa gloire?»
  Diront-ils en versant des pleurs.
Viens donc, ô Malvina; que ma tombe isolée,
Sous tes mains, à Lutha s'élève quelque jour;
Viens conduire l'aveugle en la douce vallée
Où ton père Toscar a fixé son séjour.
Malvina, les accens de ta voix noble et tendre
A mon oreille encor ne sont point parvenus :
Tes pas harmonieux ne se font plus entendre;
Dans Selma désormais seront-ils inconnus?

LE FILS D'ALPIN.

 Ossian, j'ai vu les collines,
 De Toscar j'ai vu le palais;
La chasse avait cessé dans les forêts voisines,
Les feux n'échauffaient plus la salle des banquets :
Un silence immobile habitait les montagnes.
J'ai crié Malvina dans l'épaisseur du bois :
J'ai vu, l'arc à la main, ses aimables compagnes
Revenir l'œil baissé, sans répondre à ma voix.
Une morne douleur voilait leur front timide :
  Ainsi des astres de la nuit
  Dans les flancs d'un brouillard humide,
  L'éclat léger s'évanouit.

OSSIAN.

 Sur le monts, étoile charmante,
 Tes feux n'ont pas brillé longtemps :
 Souvent dans l'onde caressante

La lune pâle et décroissante
Réfléchit ses rayons tremblans.

Jeune étoile, ainsi la lumière
S'éteignit avec majesté;
Mais en achevant ta carrière,
Tu laisses la colline entière
Dans le deuil et l'obscurité.

A travers la nuit effrayante,
Les météores menaçans
Font jaillir leur clarté sanglante.
Sur les monts, étoile charmante,
Tes feux n'ont pas brillé longtemps.

Approche, fils d'Alpin : les aquilons mugissent,
La tempête s'élève aux accens de ma voix;
   Les sombres flots du lac frémissent;
   Conduis le vieillard dans les bois.
Ton œil ne voit-il pas un chêne sans feuillage
Courber ses longs rameaux penchés sur les vallons?
Son tronc noueux, robuste, et vainqueur de l'orage,
   Couronne la cime des monts :
Conduis-moi près de lui : muette et détendue,
A ses rameaux séchés ma harpe est suspendue :
C'est ici, je l'entends; mais ses cordes en deuil
Ne rendent qu'un bruit sourd et les sons du cercueil.
Est-ce le vent, ma harpe, est-ce une ombre légère
Qui forme en te touchant ces lugubres accords?
Oui, de mon fils, d'Oscar c'est l'ombre solitaire :
L'amant de Malvina vient visiter ces bords.
   Le besoin de chanter m'enflamme :
Apporte-moi ma harpe, apporte, fils d'Alpin,

Des chants signaleront le barde à son déclin ;
Ils accompagneront le départ de mon âme.
Mes aïeux vont m'entendre en leurs palais d'azur ;
La joie éclatera sur leur visage obscur ;
Je reconnais leur voix qui déjà m'encourage ;
Au sommet du Mora je les vois tous assis ;
Ils m'écoutent, penchés sur le bord du nuage,
  Et tendent les bras à leur fils.
Un pin couvert de mousse et courbé sur les ondes
  Y baigne ses rameaux tremblans ;
La fougère, élançant ses feuilles vagabondes,
  Se mêle à mes longs cheveux blancs.
  Renais, force de mon génie :
Comme un rayon du jour, que la douce harmonie
Dissipe et la tempête et l'humide brouillard :
Ossian va chanter ; vents, déployez vos ailes ;
Portez jusqu'à Fingal, aux voûtes éternelles,
  Les derniers accens du vieillard.

Le nord ouvre à mes yeux le ciel qui t'environne ;
Des guerriers, ô Fingal ! tu n'es plus la terreur ;
  Une vapeur forme ton trône :
  Fingal même est une vapeur.
  Les yeux humides des étoiles
Percent ton bouclier semé de faibles voiles
  Et ton glaive à demi brûlant.
Comment a-t-il perdu sa force et sa lumière
  Celui qui, durant sa carrière,
Au milieu des héros marchait étincelant ?

  Quelquefois, menaçant nos têtes,
Promenant ta fureur sur le vent des déserts,

IMITÉS D'OSSIAN.

    Tu tiens en ta main les tempêtes ;
Le soleil devant toi pâlit au sein des airs.
      Dans les nuages qui s'assemblent
      Tu caches cet astre immortel ;
     Les descendans des lâches tremblent,
Et la pluie en torrens fond des sommets du ciel.
Mais lorsque, t'avançant sur la voûte éthérée,
De ton paisible aspect tu réjouis les cieux,
Le zéphyr du matin suit tes pas radieux,
Le soleil te sourit dans sa plaine azurée ;
      Le chevreuil bondit : les ruisseaux
Serpentent plus brillans dans la verte prairie ;
Leur onde rafraîchit les jeunes arbrisseaux
Qui balancent leur tête odorante et fleurie.

Qu'entends-je ? quel bruit sourd, sorti du fond des bois,
     S'élève, grossit et s'avance ?
Sur le mont rayonnant c'est Fingal qui s'élance ;
C'est lui ; j'entends gronder les foudres de sa voix.

    «Viens, Ossian, rejoint tes pères ;
»Les exploits de Fingal sont assez éclatans :
    »Tels que des flammes passagères
    »Nous avons lui quelques instans.
»Dans la plaine où nos mains ont semé l'épouvante
    »Règnent le silence et le deuil,
    »Mais notre gloire encor vivante
    »Est debout sur notre cercueil.
»Ta harpe a de Selma fait retentir la voûte ;
»Ossian s'est chargé de notre souvenir :
»Ses chants ont pénétré dans l'immense avenir,
    »Et nous en ont frayé la route. »

Attends, roi des héros; je suis prêt, je le sens;
Oui, je vais te rejoindre; oui, je vais disparaître:
Selma dans quelques jours ne va plus reconnaître
  Ni ma trace, ni mes accens.
J'aperçois le nuage où doit planer mon ombre;
Je vois l'épais brouillard de neige et de glaçons
  Qui doit former ma robe sombre
  Quand j'apparaîtrai sur les monts.
Nos descendans, cachés dans la caverne obscure,
  Viendront des héros leurs aïeux
Admirer les grands corps et l'immense stature;
Ils pâliront de crainte en regardant les cieux;
Ils verront Ossian marcher sur les nuages:
Dans l'abîme des airs abaissés devant moi
  Ils entendront avec effroi
  Rouler à mes pieds les orages.

Le sommeil vient fermer mes yeux appesantis;
Près du roi de Mora je repose ma tête:
  Je ne crains plus que la tempête
Siffle le long des bois dans mes cheveux blanchis.
Vents, dont le souffle humide au sein des nuits m'éveille,
Vous fuirez mon tombeau paisible et respecté;
Vous ne troublerez pas le barde qui sommeille
  Dans la nuit de l'éternité.
Mais, ô fils de Fingal! pourquoi donc ce nuage
  Qui couvre ton âme de deuil?
Tout naît, croît et finit, la terre est un passage:
Des antiques héros la gloire est au cercueil:
La mort parcourt le monde en déployant ses ailes:
Ils passeront aussi les fils de l'avenir;

Remplacés par leurs fils, à des races nouvelles
Ils légueront à peine un léger souvenir.
  Les générations fécondes
  Se succéderont à jamais,
  Comme les flots des mers profondes
  Ou les feuilles de nos forêts.
Ryno, j'ai vu pâlir ta beauté mâle et fière;
Le temps, mon cher Oscar, a fait ployer ton bras;
J'ai vu du grand Fingal s'éclipser la lumière,
Son palais a perdu l'empreinte de ses pas.
Et toi, chef des guerriers, toi, chantre de la guerre,
Mêlant à tes accords de stériles sanglots,
Vieux barde, tu vivrais oublié sur la terre,
  Aujourd'hui veuve des héros !
  Non; cédant au commun naufrage,
Ossian doit passer ; sa gloire restera :
  De peuple en peuple, d'âge en âge,
  Le nom d'Ossian grandira.
Sous les bois de Morven ainsi levant la tête,
Contemporain du monde, un chêne ambitieux
Oppose son front large aux coups de la tempête,
  Et rit des vents séditieux.

ÉLÉGIE

SUR LA

MORT DU GÉNÉRAL HOCHE.

LE VIEILLARD D'ANCENIS*.

O mes fils, partageons les communes douleurs :
Pleurons : Nantes gémit, Angers verse des pleurs ;
Un long crêpe a couvert ces riantes vallées ;
Au bord du fleuve ému, nos tribus désolées
Célèbrent un héros qu'enferme le cercueil :
Hoche n'est plus, mes fils, et la France est en deuil.
Il ne brillera plus sur un char de victoire,
L'heureux libérateur des rives de la Loire.
Puissant par la clémence et grand par les bienfaits,
Après avoir su vaincre, il sut donner la paix.
Vous connaissez l'ormeau qu'entouraient nos famil- [les.
Quand, le dixième jour, nos guerriers et nos filles,
Par de rustiques jeux fêtaient la liberté :

---

* Cette élégie a été lue à une séance publique de l'Institut ; elle est imprimée dans les Mémoires de cette compagnie. Littérature et Beaux-Arts, tome III, pag. 30-36.

ÉLÉGIE SUR LA MORT DE HOCHE.

Il comptait trente hivers; mes mains l'avaient planté;
Des vieillards, des amans, son ombre était chérie,
Et son riant feuillage égayait la prairie.
Le fer n'insultait pas ses rameaux protecteurs :
Ses rameaux, doux abri des timides pasteurs,
Soit quand les eaux du ciel désaltéraient nos plaines,
Soit quand le Chien brûlant tarissait les fontaines.
Le voyageur qu'afflige un tronc inanimé,
Redemande en pleurant l'ombrage accoutumé.
Mais les flots de la Loire ont semé le ravage ;
Il a péri l'ormeau, délices du rivage;
Mes yeux l'ont vu tomber sans force et sans appui :
Hoche, plus jeune encore, est tombé comme lui.

Quels étaient les fléaux qui désolaient ces rives,
Quand il vint rassurer nos familles craintives!
Il parut; son aspect enfanta des guerriers.
Avant lui, désertant les rustiques foyers,
Femmes, enfans, vieillards, cherchaient au sein des [villes
Des jours moins inquiets et des nuits plus tranquilles.
Nos peuplades fuyaient des brigands inhumains,
Nés dans les mêmes champs qu'ont dévastés leurs
    mains.
Ils vengeaient, disaient-ils, la foi de nos ancêtres.
Hélas! ces malheureux, victimes de leurs prêtres,
De village en village apportant le trépas,
Calomniaient leur Dieu par des assassinats.
Mais ce Dieu les frappa de sa main vengeresse.
Quiberon! lieu célèbre, et cher à ma vieillesse;
Tu n'as point oublié les braves d'Ancenis.
J'apprends que de nouveau les brigands réunis
Promènent dans les bois leurs drapeaux parricides :

ÉLÉGIE

Qu'on a vu sur nos bords des transfuges perfides
Qui, sous un joug impie ardens à se ranger,
Ont mendié partout l'appui de l'étranger ;
Que l'Anglais avec eux vient désoler nos plaines.
« L'Anglais ! Du sang breton coule encor dans mes veines,
» M'écriai-je aussitôt : je joindrai nos soldats ;
» Le fer ne sera point trop pesant pour mon bras.
» L'Anglais ! partons, mes fils, embrassons votre mère ;
» Armez-vous ; donnez-moi le glaive héréditaire
» Qu'aux champs de Fontenoy ma jeunesse a porté,
» Et que mes derniers coups vengent la liberté ! »
Nous partons, nous quittons votre mère alarmée ;
J'offre au jeune héros qui commandait l'armée
Quatre guerriers de plus, le père et les trois fils,
Vos bras, votre courage, et mes cheveux blanchis.
Il sourit. « J'y consens, soyez parmi les braves ;
» Hommes libres, dit-il, combattez les esclaves. »
Ce jour même nous vit triompher sous ses lois,
Et nous avons de près admiré ses exploits.
Anglais, brigand, rebelle, inondaient le rivage ;
Mais la patrie enflamme et double le courage.
La gaîté qui préside aux combats des Français
Garantissait d'avance et chantait nos succès.
A ces chants belliqueux les rebelles frissonnent :
L'airain, le fer, les flots, la mort, les environnent :
Tout meurt, fuit, ou se rend ; le rivage est soumis,
Et le vainqueur debout ne voit plus d'ennemis.
Nos mains ont désarmé leurs phalanges tremblantes ;
Bientôt ces lieux n'offraient que des roches sanglantes ;
Des sables infectés et de débris couverts,
Et des vaisseaux fuyant sur l'asile des mers.

SUR LA MORT DU GÉNÉRAL HOCHE.

Après ce jour illustre un heureux jour commence.
Défaits par la valeur, vaincus par la clémence,
Les tristes Vendéens, à la guerre échappés,
Abandonnent les chefs qui les avaient trompés.
Exilé trop longtemps sous la tente guerrière,
Le villageois revient habiter sa chaumière ;
La paix a ramené les champêtres plaisirs ;
Un ami des humains nous a fait ces loisirs.
Des vainqueurs, des vaincus, il essuya les larmes.
Partout, dans les hameaux, en déposant les armes,
Les Français réunis embrassaient les genoux
De cet ange de paix descendu parmi nous.
Il nous rendit nos jeux, nos danses bocagères ;
Il chanta les refrains de nos chansons légères ;
Ancenis vit encor les fêtes sous l'ormeau ;
La colline entendit les sons du chalumeau ;
Et le pasteur, enflant la musette rustique,
Égaya vers le soir le repas domestique.
Tel, quand au sein des nuits les sombres aquilons
Ont de sifflemens sourds attristé les vallons,
Prodiguant à nos fleurs sa caressante haleine,
Le zéphyr du matin vient consoler la plaine.

O père infortuné qu'assiégent les regrets !
Un bonheur sans nuage habite ces guérets ;
Qu'à nos agriculteurs la vieillesse sacrée
Offre les doux rayons d'une belle soirée.
Tous ceux qui maudissaient, dans nos calamités,
Leurs champs semés toujours et toujours dévastés,
Les yeux mouillés de pleurs, diront : Voilà son père.
Éprouvant par ton fils un destin plus prospère,
Devant tes cheveux blancs prompts à se rallier,

En foule ils t'ouvriront le chaume hospitalier.
Du pacificateur là tu verras l'image;
Des heureux qu'il a faits tu recevras l'hommage;
Tu trouveras partout des soutiens, des amis.
Mais qui peut consoler de la perte d'un fils?
Ah! la patrie au moins reconnaissante et juste
Soulage avec respect ton indigence auguste.
De ce fils qui n'est plus le nom te sert d'appui;
La justice du temps a commencé pour lui;
Les siècles à venir sont déjà sa conquête :
De son deuil triomphal on célèbre la fête.
Moi-même, de Paris visitant les remparts,
J'ai vu, mes fils, j'ai vu, dans la plaine de Mars,
La douleur, et les arts qui lui prêtaient des charmes.
Tout, hormis le guerrier qu'honoraient tant de larmes.
Ainsi que les héros, les sages l'ont vanté;
Tout le peuple a gémi; les bardes ont chanté.
Quatre chefs renommés, l'espoir de la patrie,
Portaient du guerrier mort la dépouille chérie;
Magistrats, citoyens, l'œil triste et l'âme en deuil,
De leurs rameaux de chêne ombrageaient son cercueil.
Courbé par la douleur et le poids des années,
Son vieux père, accusant l'arrêt des destinées,
Laissait tomber ces mots cent fois interrompus :
«Charles, mon pauvre enfant, je ne te verrai plus !»
Les rayons du héros entouraient sa famille,
Et le père, et la veuve, et la sœur, et la fille,
Qui, sa branche à la main, tendait vers le tombeau
Ses petits bras couverts des langes du berceau.
Lui-même contemplait cette fête imposante;
Quand tout pleurait, son ombre invisible et présente
Mêlait un chant de gloire aux longs gémissemens,

Et de nos défenseurs recevait les sermens.
Ils ne seront pas vains. L'heure approche où la France
Du vainqueur des Anglais remplira l'espérance.
Quand l'aigle a ralenti son vol audacieux,
Quand la paix triomphante et descendant des cieux,
A la voix des Français vient sourire à la terre,
Debout sur des débris, l'orgueilleuse Angleterre,
La menace à la bouche, et le glaive à la main,
Réclame encor la guerre, et veut du sang humain :
Elle dont le trident, asservissant les ondes,
Usurpa les trésors et les droits des deux mondes.
Rendons aux nations l'héritage des mers ;
Entendez, mes enfans, la voix de l'univers
Déléguer aux Français la vengeance publique ;
Voyez Londres pâlir au nom de l'Italique.
De ce chef renommé vous savez les exploits :
Lorsque le vent du nord rugissant dans les bois
Avait interrompu les jeux sous la feuillée,
Le récit des combats prolongeait la veillée ;
Le céleste chasseur glaçait l'onde et les airs :
Nos familles, trompant la rigueur des hivers,
Près de l'ardent foyer s'assemblaient en silence ;
Les guerriers du héros racontaient la vaillance.
Muets, nous écoutions ; les vieillards attendris
S'écriaient en pleurant : Que n'est-il notre fils !
Vous aussi, vous pleuriez ; le courage a ses larmes :
Au bruit de ses hauts faits vos mains cherchaient
    des armes ;
Vous vouliez près de lui la gloire et le danger :
Eh bien ! sous ses drapeaux courez donc vous ranger !
Et vous, des guerriers francs élite magnanime,
Les Alpes sous vos pas ont abaissé leur cime,

Vous franchîtes les monts ; vous franchirez les flots.
Des tyrans de la mer punissez les complots :
Ils combattront pour l'or ; vous, pour une patrie.
Si jadis un Français, des rives de Neustrie
Descendit dans leurs ports, précédé par l'effroi,
Vint, combattit, vainquit, fut conquérant et roi,
Quels rochers, quels remparts deviendront leur asile,
Quand Neptune irrité lancera, dans leur île,
D'Arcole et de Lodi les terribles soldats,
Tous ces jeunes héros, vieux dans l'art des combats,
La grande nation, à vaincre accoutumée,
Et le grand général guidant la grande armée?

LE CHANT DU DÉPART,

HYMNE DE GUERRE.

UN REPRÉSENTANT DU PEUPLE.

La victoire, en chantant, nous ouvre la barrière ;
    La liberté guide nos pas ;
Et du nord au midi la trompette guerrière
    A sonné l'heure des combats.
    Tremblez, ennemis de la France,
    Rois ivres de sang et d'orgueil !
    Le peuple souverain s'avance ;
    Tyrans, descendez au cercueil.
    La république nous appelle ;
    Sachons vaincre, ou sachons périr :
    Un Français doit vivre pour elle,
    Pour elle, un Français doit mourir.

CHANT DES GUERRIERS.

    La république, etc.

UNE MÈRE DE FAMILLE.

De nos yeux maternels ne craignez point les larmes,
    Loin de nous de lâches douleurs !

Nous devons triompher, quand vous prenez les armes :
    C'est aux rois à verser des pleurs.
    Nous vous avons donné la vie,
    Guerriers, elle n'est plus à vous :
    Tous vos jours sont à la patrie ;
    Elle est votre mère avant nous.

CHŒUR DES MÈRES DE FAMILLE.

La république, etc.

DEUX VIEILLARDS.

Que le fer paternel arme la main des braves :
    Songez à nous aux champs de Mars :
Consacrez dans le sang des rois et des esclaves
    Le fer bénit par vos vieillards ;
    Et, rapportant sous la chaumière
    Des blessures et des vertus,
    Venez fermer notre paupière,
    Quand les tyrans ne seront plus.

CHŒUR DES VIEILLARDS.

La république, etc.

UN ENFANT.

De Barra, de Viala le sort nous fait envie ;
    Ils sont morts, mais ils ont vaincu.
Le lâche accablé d'ans n'a point connu la vie :
    Qui meurt pour le peuple a vécu.
    Vous êtes vaillans, nous le sommes ;
    Guidez-nous contre les tyrans ;
    Les républicains sont des hommes ;
    Les esclaves sont des enfans.

CHŒUR DES ENFANS.

La république, etc.

HYMNE DE GUERRE.

UNE ÉPOUSE.

Partez, vaillans époux, les combats sont vos fêtes ;
Partez, modèles des guerriers ;
Nous cueillerons des fleurs pour en ceindre vos têtes :
Nos mains tresseront vos lauriers.
Et si le temple de mémoire
S'ouvrait à vos mânes vainqueurs,
Nos voix chanteront votre gloire,
Et nos flancs portent vos vengeurs.

CHOEUR DES ÉPOUSES.

La république, etc.

UNE JEUNE FILLE.

Et nous, sœurs des héros, nous qui de l'hyménée
Ignorons les aimables nœuds,
Si pour s'unir un jour à notre destinée,
Les citoyens forment des vœux,
Qu'ils reviennent dans nos murailles,
Beaux de gloire et de liberté,
Et que leur sang, dans les batailles,
Ait coulé pour l'égalité.

CHOEUR DE JEUNES FILLES.

La république, etc.

TROIS GUERRIERS.

Sur le fer, devant Dieu, nous jurons à nos pères,
A nos épouses, à nos sœurs,
A nos représentans, à nos fils, à nos mères,
D'anéantir les oppresseurs.
En tous lieux, dans la nuit profonde
Plongeant l'infâme royauté,

Les Français donneront au monde,
Et la paix et la liberté.

CHOEUR GÉNÉRAL.

La république nous appelle ;
Sachons vaincre ou sachons périr :
Un Français doit vivre pour elle,
Pour elle un Français doit mourir.

CHANT
DES VICTOIRES.

Hymne chantée à la fête du 10 août (23 thermidor).

Fuyant les villes consternées,
L'Ibère orgueilleux et jaloux
A vu s'abaisser devant nous
Les deux sommets des Pyrénées.
Ses tyrans, ses inquisiteurs
Dans Madrid vont payer leurs crimes ;
D'injustes sacrificateurs
Deviendront de justes victimes.

LE CHOEUR.

Gloire au peuple français! il sait venger ses droits,
Vive la république et périssent les rois !

De Brutus éveillons la cendre ;
O Gracques ! sortez du cercueil :
La liberté, dans Rome en deuil,
Du haut des Alpes va descendre.
Disparaissez, prêtres impurs ;
Fuyez, impuissantes cohortes :

CHANT DES VICTOIRES.

Camille n'est plus dans vos murs,
Et les Gaulois sont à vos portes.

CHOEUR.

Gloire au peuple français ! il sait venger ses droits.
Vive la république et périssent les rois !

Avare et perfide Angleterre,
La mer gémit sous tes vaisseaux ;
Tes voiles pèsent sur les eaux ;
Tes forfaits pèsent sur la terre.
Tandis que nos vaillans efforts
Brisent ton trident despotique,
Vois l'abondance, vers nos ports,
Accourir des champs d'Amérique.

LE CHOEUR.

Gloire au peuple français ! il sait venger ses droits.
Vive la république et périssent les rois !

Lève-toi ! sors des mers profondes,
Cadavre fumant du *Vengeur*,
Toi qui vis le Français vainqueur
Des Anglais, des feux et des ondes.
D'où partent ces cris déchirans ?
Quelles sont ces voix magnanimes ?
Les voix des braves expirans
Qui chantent du fond des abîmes.

LE CHOEUR.

Gloire au peuple français ! il soit venger ses droits
Vive la république et périssent les rois !

Fleurus, champs dignes de mémoire,
Monument d'un triple succès,
Fleurus, champs amis des Français,

CHANT DES VICTOIRES.

Semés trois fois par la victoire !
Fleurus, que ton nom soit chanté
Du Tage au Rhin, du Var au Tibre !
Sur ton rivage ensanglanté,
Il est écrit : *l'Europe est libre.*

LE CHOEUR.

Gloire au peuple français ! il sait venger ses droits.
Vive la république et périssent les rois !

Ostende, reçois nos cohortes :
Namur, courbe-toi devant nous ;
Audenarde et Gand, rendez-vous ;
Charleroi, Mons, ouvrez vos portes.
Bruxelles, devant tes regards,
La liberté va luire encore ;
Plaintive Liége, en tes remparts,
Revois le drapeau tricolore.

LE CHOEUR.

Gloire au peuple français ! il sait venger ses droits.
Vive la république et périssent les rois !

Rois conjurés, lâches esclaves,
Vils ennemis du genre humain,
Vous avez fui, le glaive en main,
Vous avez fui devant nos braves ;
Et de votre sang détesté
Abreuvant ses vastes racines,
Le chêne de la liberté
S'élève aux cieux sur vos ruines.

LE CHOEUR.

Gloire au peuple français ! il sait venger ses droits.
Vive la république et périssent les rois !

Dans nos cités, dans nos campagnes
Du peuple on entend les concerts :
L'écho des fleuves et des mers
Répond à l'écho des montagnes.
Tout répète ces noms touchans :
Victoire, Liberté, Patrie.
L'Europe se mêle à nos chants,
Le genre humain se lève et crie :

LE CHOEUR.

Gloire au peuple français ! il sait venger ses droits.
Vive la république et périssent les rois !

HYMNE

A L'ÊTRE SUPRÊME.

Source de vérité qu'outrage l'imposture,
De tout ce qui respire éternel protecteur,
Dieu de la Liberté, père de la Nature,
    Créateur et conservateur !

O toi ! seul incréé, seul grand, seul nécessaire,
Auteur de la vertu, principe de la loi,
Du pouvoir despotique immuable adversaire,
    La France est debout devant toi.

Tu posas sur les mers les fondemens du monde,
Ta main lance la foudre et déchaîne les vents ;
Tu luis dans ce soleil dont la flamme féconde
    Nourrit tous les êtres vivans.

La courrière des nuits, perçant de sombres voiles,
Traîne à pas inégaux son cours silencieux :
Tu lui marquas sa route, et d'un peuple d'étoiles
    Tu semas la plaine des cieux.

Tes autels sont épars dans le sein des campagnes,
Dans les riches cités, dans les antres déserts,

HYMNE A L'ÊTRE SUPRÊME.

Aux angles des vallons, au sommet des montagnes,
    Au haut du ciel, au fond des mers.

Mais il est pour ta gloire un sanctuaire auguste,
Plus grand que l'empyrée et ses palais d'azur :
Dieu lui-même habitant le cœur de l'homme juste,
    Y goûte un encens libre et pur.

Dans l'œil étincelant du guerrier intrépide,
En traits majestueux tu gravas ta splendeur;
Dans les regards baissés de la vierge timide
    Tu plaças l'aimable pudeur.

Sur le front du vieillard la sagesse immobile
Semble rendre avec toi les décrets éternels :
Sans parens, sans appui, l'enfant trouve un asile
    Devant tes regards paternels.

C'est toi qui fais germer dans la terre embrasée
Ces fruits délicieux qu'avaient promis les fleurs :
Tu verses dans son sein la féconde rosée
    Et les frimas réparateurs.

Et lorsque du printemps la voix enchanteresse,
Dans l'âme épanouie éveille le désir,
Tout ce que tu créas, respirant la tendresse,
    Se reproduit par le plaisir.

Des rives de la Seine à l'onde hyperborée,
Tes enfans dispersés t'adressent leurs concerts;
Par tes prodigues mains la Nature parée
    Bénit le Dieu de l'univers.

HYMNE A L'ÊTRE SUPRÊME.

Les sphères parcourant leur carrière infinie,
Les mondes, les soleils, devant toi prosternés,
Publiant tes bienfaits, d'une immense harmonie
    Remplissent les cieux étonnés.

Grand Dieu, qui sous le dais fais pâlir la puissance,
Qui sous le chaume obscur visites la douleur,
Tourment du crime heureux, besoin de l'innocence,
    Et dernier ami du malheur;

L'esclave et le tyran ne t'offrent point d'hommage;
Ton culte est la vertu; ta loi, l'égalité:
Sur l'homme libre et bon, ton œuvre et ton image,
    Tu soufflas l'immortalité.

Quand du dernier Capet la criminelle rage,
Tombait d'un trône impur écroulé sous nos coups,
Ton invisible bras guidait notre courage,
    Tes foudres marchaient devant nous.

Aiguisant avec l'or son poignard homicide,
Albion sur le crime a fondé ses succès;
Mais tu punis le crime, et ta puissante égide
    Couvre au loin le peuple français.

Anéantis des rois les ligues mutinées,
De trente nations taris enfin les pleurs;
De la Sambre au Mont-Blanc, du Var aux Pyrénées,
    Fais triompher les trois couleurs!

A venger les humains la France est consacrée,
Sois toujours l'allié du peuple souverain;

Et que la république, immortelle, adorée,
    Écrase les trônes d'airain !

Longtemps environné de volcans et d'abimes,
Que l'Hercule français terrassant ses rivaux,
Debout sur les débris des tyrans et des crimes,
    Jouisse enfin de ses travaux !

Que notre Liberté, planant sur les deux mondes,
Au delà des deux mers guidant nos étendards,
Fasse à jamais fleurir, sous les palmes fécondes,
    Les vertus, les lois et les arts !

PIE VI
ET LOUIS XVIII,

Conférence théologique et politique trouvée dans les papiers du cardinal Doria; traduit de l'italien.

[A 3 VI]

LOUIS XVIII.

Quoi! saint-père, c'est vous! vous loin des bords du Tibre!
Rome aurait-elle aussi le malheur d'être libre?
Le nouveau mal français gagne-t-il ces remparts
Où des pontifes-rois remplaçaient les Césars?
A-t-il du Vatican souillé l'auguste enceinte?

PIE VI.

Mon fils, j'ai pour jamais quitté la cité sainte.
J'ai mal joué mon rôle, à vous parler sans fard;
J'ai fait la paix en traître, et la guerre en cafard.
Quand l'acteur est mauvais le parterre le hue:
Il a fallu s'enfuir, sifflé par la cohue:
J'ai fait des tours d'espiègle, au fond très-innocens;
Et vous en jugerez, car vous avez du sens.
Les vicaires du Christ, en des jours difficiles,
Dans l'art d'empoisonner se montraient fort habiles:

Suivant la circonstance on se laisse tenter,
Et de l'assassinat j'avais voulu tâter.
Il faut s'aider un peu quand les temps sont critiques.
Basseville, Duphot, ces damnés hérétiques,
Ont été massacrés, pour le bien de la foi,
Par mes soldats, poltrons à peu près comme moi,
Mais très-bons assassins et grands serveurs de messes.
En France on a mal pris toutes ces gentillesses.
Lors j'ai renouvelé près des soldats français
Un lazzi qui jadis avait quelque succès.
Pour leur en imposer et procéder en forme,
Je revêts la tiare et le grand uniforme,
Et les deux doigts en l'air, avec componction,
Je propose aux guerriers ma bénédiction :
Refus net et formel, ils ont le goût bizarre.
Dépouillant sans tarder l'étole et la tiare,
De Rome adroitement je me suis esquivé,
Et comme vous, grand roi, je suis sur le pavé.

LOUIS XVIII.

L'accident est fâcheux ; votre tort n'est pas moindre.
Lorsqu'en son crépuscule, et commençant à poindre,
Ce soleil inconnu, luisant aux nations,
Vint obscurcir les rois de ses premiers rayons,
Que n'avez-vous éteint ces clartés menaçantes ?
Vous deviez, sans lancer des bulles impuissantes,
Comme autrefois Urbain, conjurant le danger,
Ordonner aux chrétiens de courir nous venger.
L'Aventureux Gustave héritier de Christine,
Aux bords de la Néva la chaste Catherine,
Brûlaient de seconder les monarques germains :
Que faisiez-vous alors ? une épître aux Romains !
Tandis qu'il eût fallu sanctifier la guerre,

Faire parler le ciel pour soulever la terre,
Sortir avec éclat de vos sacrés remparts,
Et de nouveaux croisés bénir les étendards.
La chrétienté, suivant son pontife suprême,
En faisant son salut, vous eût sauvé vous-même :
Les grâces du Très-Haut se répandaient sur nous.

PIE VI.

Donneur de bons avis, prenez-les donc pour vous.
Vos manifestes pleins d'une imbécile emphase,
Plus gascons que les vers du rimailleur Despaze,
Ont aux républicains causé peu de frayeur :
Ils ont ri du vaincu pardonnant au vainqueur.
Battez-les.

LOUIS XVIII.

Des combats qu'un autre soit l'arbitre :
De Louis le Prudent j'ai mérité le titre ;
Malgré leurs attentats j'épargne mes sujets,
Et la guerre a prouvé combien j'aime la paix.

PIE VI.

Eh bien ! fou Charles sept fut un roi pacifique :
Abandonnant la France au glaive britannique,
D'Agnès, tant douce amie, il recevait la loi :
Vous n'avez pas d'Agnès, et nous savons pourquoi.
La Hire cependant, la Trémouille et Saintrailles,
Pour le roi Céladon donnaient force batailles ;
Mais en vain ; chaque jour apportait ses malheurs :
Charles se lamentait auprès d'Agnès en pleurs.
Une pucelle advient ; l'espoir les réconforte ;
Dunois, le beau bâtard, et Jeanne la très-forte
Du monarque un peu plat vengent le long affront
Et l'ampoule sacrée a coulé sur son front.
Dieu vous gratifia du don de couardise :

Vous n'êtes pas pour rien fils aîné de l'Église.
Vous vivrez longuement, mais il faut, entre nous,
Trouver des ferrailleurs qui soient vaillans pour vous.
Cherchez en votre cour, pour tenter la conquête,
Un bâtard un peu brave, ou quelque fille honnête,
Qui, dans les cabarets instruite à la vertu,
Rétablisse le trône un moment abattu.

LOUIS XVIII.

Vous parlez de ma cour ? Quelle cour ! En icelle
Il est force bâtards, mais pas une pucelle ;
Et mes preux chevaliers aimeraient mieux, je crois,
Manger, boire, dormir, et régner comme moi,
Qu'exposer leur noblesse à l'incivile rage
D'un peuple roturier qui n'a que du courage.
Tous ces républicains, soldats peu complaisans,
Font la guerre pour vaincre, et sont mauvais plaisans.
J'avais organisé des moyens plus faciles ;
Deux cents gredins bien plats, mais si bons, si dociles,
Pour moi, chaque matin, griffonnaient maint écrit :
Je payais leur sottise aussi cher que l'esprit.
Le rapsode Villiers, Dantilly, Baralère,
Le langoureux Créton, l'éveillé Souriguière
Le nocturne Langlois, messager de malheur,
Et Lacretelle, enfin, le lugubre penseur,
Barbouillaient tous les jours, d'une couleur cynique,
Le guerrier, l'orateur, ou le chantre énergique
Qu'à leur pinceau vénal désignait mon courroux :
Suard les dirigeait et les surpassait tous.
Mon peuple avait élu, grâce à leur industrie,
Des sénateurs n'ayant ni sénat ni patrie,
Par l'amour de leur roi des juges anoblis,
Dans le cœur, sur le dos, portant des fleurs de lis.

Sans avoir combattu je gagnais la victoire;
Déjà de mon triomphe on écrivait l'histoire;
Je voyais mon clergé, mes cours de parlemens,
Mon trône rétabli sur ses vieux fondemens,
Et de la liberté la France délivrée...
Mais les républicains ont battu ma livrée.

PIE VI.

Je vous dois un aveu, mon cher, et le voici.
Ils ont le même jour battu la mienne aussi.
Mes agens secondaient l'adroite politique
D'un estimable Anglais, d'un charmant hérétique,
De Pitt, mon digne ami, quoiqu'il ait peu de foi,
Intrigant comme un prêtre, insolent comme un roi.
Quels hommes j'ai perdus! J'avais saint du Vaucelle,
Renonçant à l'esprit par un excès de zèle;
Le clément saint Rovère, à Vaucluse fêté;
L'éloquent saint Gallais, à Montmartre écouté;
Saint Maille, au maintien faux, au ton rogue, à
    l'œil triste;
Saint Quatremère, issu de race janséniste,
Fils, petit-fils, neveu, cousin de marguillier:
Saint Laharpe, infidèle à son premier métier,
Longtemps antichrétien mais toujours fanatique:
Autrefois possédé du démon dramatique,
Le nouveau converti, du diable abandonné,
Expiait le plaisir qu'il n'avait pas donné.
J'avais saint Vauvilliers, leur guide et leur oracle,
Apôtre de Gonesse et témoin d'un miracle.
Mais parmi ces grands saints, canonisés tout vifs,
Du vicaire de Dieu vicaires adoptifs,
Nul n'était comparable à saint Jordan Camille;
Chacun valait un saint, lui seul en valait mille.

Cet apprenti sous-diacre, un vrai pauvre d'esprit,
S'était senti toujours du goût pour Jésus-Christ :
Il aimait du vieux temps les sottises prospères,
Et réclamait surtout les cloches de nos pères ;
Cent oisons répétaient ces pieuses clameurs.
Dans le château Saint-Ange, au bruit de ces rumeurs
Mon âme était ouverte à la douce espérance
De voir des indévots le sang couler en France,
Et j'entendais de loin crier de tout côté :
« Guerre aux républicains ! meure la liberté !
» Mais vivent les clochers, la tiare, l'étole,
» Camille et les oisons, sauveurs du Capitole ! »

LOUIS XVIII.

Ah ! que n'ont-ils pu vivre aux petites-maisons !
Tous les rois sont perdus par vous et vos oisons.
Faites taire, à la fin, ces innocens adoptés,
Ressasseurs d'argumens, de lieux communs inepties,
Que les moindres bedeaux ont cent fois répétés,
Mais que le ridicule a cent fois réfutés !
Laissez là votre Bible, et votre premier homme,
Ève, le paradis, le serpent et la pomme ;
Dans l'arche de Noé renfermez vos docteurs,
Oubliez d'Israël les rêves imposteurs :
Le soleil s'arrêtant ; la mer, non moins docile,
Ouvrant au peuple juif une route facile ;
Holopherne, martyr de son goût libertin,
Caressé dans la nuit, égorgé le matin ;
Le gourmand Ésaü vendant son droit d'aînesse ;
Balaam le prophète instruit par son ânesse ;
En un lieu malhonnête Olla coulant ses jours,
Et d'Olliba sa sœur les robustes amours ;
Le dieu pigeon faisant à la pucelle mère

Un enfant, homme et dieu, dont il n'est pas le père ;
Dieu, père, fils, esprit, un, par conséquent trois ;
Dieu né dans une étable et mort sur une croix ;
Dieu sur le haut des monts emporté par le diable ;
Jean, Luc, Marc et Mathieu, gens d'un goût admirable,
Tous quatre par le ciel à la fois inspirés
Contant diversement leurs mensonges sacrés ;
Constantin, sur la foi de l'authentique histoire,
Brisant pour l'homme-Dieu l'autel de la victoire ;
Le Panthéon fermé, les sectaires nouveaux
Sur le trône montant du sein des échafauds ;
Et leur religion, lasse d'être victime,
Passant avec orgueil de la sottise au crime.

PIE VI.

Discours de philosophe et qui ne prouve rien :
C'étaient les premiers temps du régime chrétien.
Ces premiers temps sont durs, et l'on peut en médire ;
Mais la suite...

LOUIS XVIII.

        La suite, elle est encor bien pire.
Les pontifes romains, du pied des saints autels,
Vendaient à juste prix les sept péchés mortels.
Les trésors de vingt rois brillaient sur vos madones,
Et la boîte aux agnus vous valait des couronnes.
Ici c'est l'empereur, c'est le roi très-chrétien,
Qui dans sa propre cour est fessé pour son bien ;
C'est un autre empereur, mort dans la sacristie,
Pour avoir trop aimé la sainte eucharistie :
Le rusé saint Bernard vend le terrain des cieux ;
Là, d'un auto-da-fé le spectacle pieux
Réjouit les regards du bon saint Dominique ;
Saint Robert d'Arbrissel, plein d'un zèle héroïque,

Pour voir et pour braver le démon de plus près,
La nuit de deux nonnains caresse les attraits ;
Saint Guignolet, célèbre entre les bonnes âmes,
De la stérilité veut bien guérir les dames :
De galans séraphins, dans les plaines du ciel,
Portent la maison sainte, où l'ange Gabriel
Promit un bel enfant à la vierge Marie ;
Afin d'exorciser le Vésuve en furie,
Un prêtre escamoteur, habile en son métier,
Fait bouillir à propos le sang de saint Janvier ;
Plus loin, de saint Dunstan la montagne flottante
Accourt, se fait bénir, et s'en va très-contente.
Ah ! du trône papal remontez les degrés.
Quels sont d'un tel pouvoir les fondemens sacrés ?
Dogmes impertinens, mystères ridicules,
Miracles des Crépins, des Fiacres, des Ursules.
Ramas de contes bleus et d'antiques rébus,
Aux faiseurs de sermons inspirant du Phébus,
Mais qui, par dom Calmet contés avec simplesse,
D'Arouet l'indévot égayaient la vieillesse.
Croyez-vous rétablir un empire usurpé,
Et gouverner encor le genre humain trompé ?
Non : votre jonglerie est une erreur usée,
Et des maux qu'elle a faits la coupe est épuisée.
J'en suis fâché pour vous, rompu par la raison,
Le filet du pêcheur ne prend plus de poisson :
Vous prêchez vainement la divine bêtise,
Puisque l'homme a pensé, c'en est fait de l'Église.
Le coup qui vous détruit fut préparé longtemps ;
Les prêtres, en honneur, étaient trop charlatans ;
Ils ont accéléré leur chute nécessaire,
Et les papes sont mûrs, soit dit sans vous déplaire.

PIE VI.

Vous tenez là, mon fils, un fort mauvais propos.
Qui n'est pas charlatan ? Demandez aux héros :
C'est des pauvres humains la tache originelle ;
Homme d'esprit et sot, sage et fou, tout s'en mêle,
Vous ne concevez pas d'où vient notre pouvoir ?
Et moi, mon cher féal, j'ai peine à concevoir
Comment un peuple entier, esclave volontaire,
Pouvait subir d'un fat le joug héréditaire ;
Comment vingt nations fléchissaient sous vingt rois ;
Comment cent mille fous, s'armant à votre voix,
Couraient s'entr'égorger pour vous et pour les vôtres :
Ce mystère est étrange et vaut bien tous les nôtres.
L'autel ne va pas bien ! le trône va-t-il mieux ?
Si les papes sont mûrs, les rois sont un peu vieux.
Vous autres potentats, ou qui prétendez l'être,
Vous savez commander ; mais apprenez qu'un prêtre
Sait flatter la puissance, en tout temps, en tout lieu.
Le diable fut longtemps vaincu par le bon Dieu :
Nous avons loué Dieu d'une âme satisfaite :
Mais le diable est vainqueur, sa volonté soit faite !
Certain roi, pour fléchir le saint-siége irrité,
Fut fessé : pourquoi pas, s'il l'avait mérité ?
Henri le calviniste entendit bien la messe :
Et vous, si vous aviez une sûre promesse
De rentrer aussitôt dans vos droits souverains,
En vous laissant fesser au maître-autel de Reims,
Ne baiseriez-vous pas la verge salutaire
Dont les coups vous rendraient le rang héréditaire ?
Ne nous reprochons rien ; soyons de bonne foi :
Le prêtre doit toujours s'unir avec le roi :
Ce sont mangeurs de gens ; c'est la même famille.

Meurtre, empoisonnement, telle autre peccadille,
Orgueil, ambition, luxure, et cætera,
Chez nous c'est à peu près tout ce qu'on trouvera :
Mais l'histoire des rois, qu'on l'ouvre, qu'on la lise :
C'est, tout comme chez nous, le crime et la sottise.
Prenez les saints cahiers; car la Bible a du bon :
Vous y verrez que Dieu, qui souvent a raison,
Pouvant punir les Juifs, en leur donnant la peste,
Leur fit présent des rois, don cent fois plus funeste.

LOUIS XVIII.

Fort bien, nous nous disons tous deux nos vérités :
Je voudrais, pour beaucoup, qu'on nous eût écoutés ;
Avec un jacobin on pourrait vous confondre.

PIE VI.

Vous avez commencé, je ne fais que répondre.
D'une feinte tardive épargnons-nous le soin.
Vous avez contrefait le dévot par besoin ;
C'est aussi par besoin que je fus royaliste :
Aujourd'hui vous parlez en encyclopédiste ;
Je suis républicain : je vous rends vos douceurs.
Vos nobles devanciers, mes saints prédécesseurs,
Ont jeté dans un puits la Vérité plaintive :
L'Imposture, pesant sur la terre captive,
Enivrait les humains pressés d'un lourd sommeil.
La Vérité maudite, en sonnant le réveil,
Remonte de son puits, et n'y veut plus descendre :
Les peuples ralliés commencent à s'entendre ;
Rois, voyez le présent, devinez l'avenir :
Notre rôle est fini, le vôtre va finir.
Guttenberg, en creusant sa caboche insensée,
Trouva l'affreux moyen de graver la pensée.
Ce jour vit ébranler et le trône et l'autel,

Et de loin aux erreurs porta le coup mortel.
Dès lors on réfléchit, tandis qu'il fallait croire;
La raison lentement remportait la victoire;
Bientôt nos livres saints parurent amusans,
Nos mystères joyeux, nos miracles plaisans;
On rit à nos dépens, et, de plus, on fit rire.
En nous voyant percés des traits de la satire,
Les rois un peu prudens devaient, sans balancer,
Punir tout scélérat convaincu de penser.
Plusieurs, loin de tenir cette sage conduite,
Ont fait les esprits forts; mais attendons la suite.
On s'est longtemps moqué des serviteurs de Dieu;
Et pour l'avoir souffert, les rois verront dans peu
Leurs écrits respectés comme le Décalogue.
Sur ce point, mon cher fils, oyez un apologue,
Simple, court, mais surtout contenant vérité;
Le cardinal Maury me l'a souvent conté.
Chez un fermier dormeur, et qu'on nomme Nicaise,
Le renard et le loup volaient tout à leur aise.
C'était du fond des bois que le couple assassin
Accourait, quand la nuit, favorable au larcin,
Étendait sur les cieux ses vêtemens funèbres:
Meurtriers et voleurs sont amis des ténèbres.
Vainement aboyaient les chiens officieux;
Tranquille en un bon lit, Nicaise en dormait mieux.
Maître renard croquait la poule timorée;
Maître loup des moutons faisait large curée.
Mais Nicaise eut un fils qui fut son héritier;
Morphée habitait peu chez ce nouveau fermier.
Il entendit des chiens les avis charitables;
Sans bruit il prépara ses filets redoutables;
Le fin renard périt en un piége tendu;

Près de son compagnon le loup fut étendu.
Les loups et les renards sont les rois et les prêtres :
Par le fermier dormeur j'entends nos bons ancêtres;
Par les chiens vigilans ceux qui de la raison
Versent dans leurs écrits le damnable poison :
Par le fils du fermier les hommes de notre âge.
On n'est plus imbécile, et c'est vraiment dommage ;
Nous arrivons trop tard pour régner en repos ;
Dans ce monde il faut naître et mourir à propos *.

* Cette satire, bien justement attribuée à M. J. Chénier, quoiqu'elle n'ait point été imprimée sous son nom, est entrée, par la mort de l'auteur et des interlocuteurs, dans le domaine commun de la littérature et de l'histoire non contemporaines. On remarquera d'ailleurs que certains passages un peu sévères ne s'appliquent qu'aux prêtres *ultramontains* et aux monarques *non constitutionnels*.

(*Note des éditeurs.*)

FIN.

TABLE.

Notice sur M. J. Chénier.	1
L'erreur est-elle utile aux hommes ?	9
Épître à Voltaire.	21
Discours sur la calomnie.	36
Essai sur la satire.	46
Discours sur l'intérêt personnel.	61
La retraite.	72
Le ministre et l'homme de lettres.	74
La raison.	81
Discours sur les entraves données à la littérature.	89
Commencement d'un poëme sur la Nature.	96
Poëme sur l'assemblée des notables.	102
Épître à M. Lebrun.	107
Épître à M. le Sueur.	110
Épître à M. Méhul.	114
Épître à mon père.	117
Épître à Eugénie.	123
Essai sur les principes des arts.	128
Discours sur les poëmes descriptifs.	156
La lettre de cachet.	161
Le maître italien.	169
Le cimetière de campagne.	180
Élégie sur la mort de Muiron.	185

TABLE.

La promenade.	1
Les nouveaux saints.	195
Le docteur Pancrace.	202
La solitude de Saint-Maur.	210
Ode sur la situation de la république française durant la démagogie de Robespierre et de ses complices.	212
Ode.	217
Herman et Thusnelda.	219
Sur la mort de Mirabeau.	221
Hymne.	227
Épigrammes.	231
Hommage à une belle action.	239
Chants imités d'Ossian.	242
Élégie sur la mort du général Hoche.	267
Le chant du départ.	275
Chant des victoires.	279
Hymne à l'Être suprême.	283
Pie VI et Louis XVIII.	287

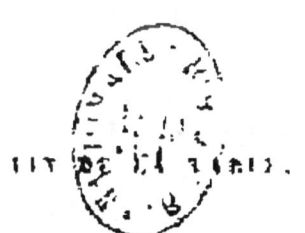

OUVRAGES IN-32
PUBLIÉS PAR LES MÊMES ÉDITEURS.

Œuvres de Béranger, 1 vol.
Chansons nouvelles du même, 1 vol.
Œuvres complètes de Victor Hugo, 21 vol.
Œuvres complètes de Casimir Delavigne, 6 vol.
Œuvres complètes de Lamartine, 9 vol.
Millevoye, 1 vol.
Boileau, 1 vol.
Poésies de madame Tastu, 2 vol.
Œuvres de madame Desbordes-Valmore, 3 vol.
Œuvres d'André Chénier, 1 vol.
Œuvres complètes de Barthélemy et Méry, 2 vol.
Œuvres complètes de Parny, 1 fort vol.
Œuvres complètes d'Auguste Barbier, 1 vol.
Némésis, par Barthélemy, 1 vol.
L'Énéide, par le même, 2 vol.
Les Douze journées de la Révolution, par le même, 1 vol.
Désaugiers, 1 vol.
Poèmes d'Alfred de Vigny, 1 vol.
Delphine Gay, 1 vol.
Sainte-Beuve, 2 vol.
Turquety, 3 vol.
Alfred de Musset, 1 vol.
Emile Deschamps, 1 vol.
Antoni Deschamps, 1 vol.
Napoléon. Poème par Edgar Quinet, 1 vol.
Prométhée, par le même, 1 vol.
Reboul (Jean). 2 vol.
La Comédie de la Mort, par Th. Gautier, 1 vol.
Théâtre de Dumas, 18 pièces.
Hégésippe Moreau. Le Myosotis. 1 vol.
Théâtre de Racine, 2 vol. ornés de treize vignettes gravées sur acier, d'après les dessins de Delacroix, Devéria, etc.

www.ingramcontent.com/pod-product-compliance
Lightning Source LLC
Chambersburg PA
CBHW071130160426
43196CB00011B/1845